ECONOMIA COMPARTILHADA

UM ESTUDO PARA O BRASIL

Walter Barretto Jr.

ECONOMIA COMPARTILHADA

UM ESTUDO PARA O BRASIL

CASA
EDITORIAL

Copyright © 2021 by Walter Barretto Jr.
All rights reserved.

1ª edição — Fevereiro de 2021

Grafia atualizada segundo o Acordo Ortográfico da Língua Portuguesa
de 1990, que entrou em vigor no Brasil em 2009

Capa e Projeto Gráfico
Marcelo Barreto

Diagramação
Alan Maia

Tecnologia
Pedro Barretto

**Dados Internacionais de Catalogação na Publicação (CIP)
de acordo com ISBD**

B273e   Barretto Jr., Walter
        Economia Compartilhada: um estudo para o Brasil /
  Walter Barretto Jr. — Lauro de Freitas, BA : Casa Editorial, 2021.
        178 p. ; 15,6cm x 23,39cm.

        ISBN: 978-65-00-17253-9

        1. Economia. 2. Economia compartilhada. 3. Mercado brasileiro.
  4. Consumo colaborativo. I. Título.

2021-1302   CDD 330
                                                                                CDU 33

Elaborado por Odilio Hilario Moreira Junior - CRB-8/9949

Índice para catálogo sistemático:
1. Economia 330
2. Economia 33

Impresso no Brasil
Printed in Brazil

Este livro **Economia Compartilhada: um estudo para o Brasil** apresenta uma visão prática e objetiva sobre o tema, como base na Dissertação de Mestrado em Desenvolvimento Regional e Urbano, realizada pelo autor na Universidade Salvador – UNIFACS (2020).

AGRADECIMENTO

Agradeço às aulas que tive com meu pai, economista e humanista.

Ao professor doutor Thiago Henrique Carneiro Rios Lopes, meu orientador na dissertação de Mestrado.

O AUTOR

Walter Barretto Jr., brasileiro, nascido em 1966, formado em Arquitetura e Urbanismo, mestre em Desenvolvimento Regional e Urbano com dissertação sobre o tema Economia Compartilhada, é mentor de negócios e empresário dos setores de incorporação imobiliária e shopping center. Idealizador, empreendedor e sócio minoritário do Shopping Paralela (www.shoppingparalela.com.br).

Presidente da Associação de Dirigentes de Empresas do Mercado Imobiliário da Bahia – ADEMI/BA (2008-2010) e, desde então, seu Conselheiro. Membro do Conselho de Economia e Desenvolvimento Industrial da Federação das Indústrias do Estado da Bahia – FIEB/BA (2007-2017).

Pintor, tendo estudado na Escola de Artes Visuais do Parque Lage – Rio de janeiro/RJ (2012-2015) e no Instituto Tomie Ohtake – São Paulo/SP (2016).

Autor do livro *Economia e sociedade: uma utopia contemporânea* (2021) e do *O Fim do Dinheiro* (2016).

Currículo Lattes
http://lattes.cnpq.br/1005637602005380

LinkedIn
https://www.linkedin.com/in/walter-barretto-jr-96921071/

E-mail
walter@barretto.com.br

SUMÁRIO

1 INTRODUÇÃO 11

2 ECONOMIA COMPARTILHADA E COMPARTILHAMENTO 19

2.1 DEFINIÇÃO DE ECONOMIA COMPARTILHADA 19

2.2 O COMPARTILHAMENTO NA SOCIEDADE 22

2.3 FATORES ECONÔMICOS E SOCIAIS QUE NOS LEVARAM À ECONOMIA COMPARTILHADA 28

    2.3.1 O avanço da tecnologia 28

    2.3.2 As mudanças nas relações de trabalho 30

    2.3.3 O endividamento da sociedade 32

    2.3.4 A dependência do consumo 34

3 O COMPARTILHAMENTO NO SÉCULO XXI 41

3.1 O MOMENTO IMPULSIONADOR DA ECONOMIA COMPARTILHADA 42

3.2 O NOVO CONSUMIDOR 46

    3.2.1 Os impactos na produção 49

    3.2.2 O meio ambiente e o consumo ético 51

3.2.3 O compartilhamento e a privacidade 54

3.2.4 A avaliação no ato de compartilhar 55

3.2.5 A solidariedade e a confiança 57

3.3 FORMAS DE COMPARTILHAMENTO 59

3.3.1 De pessoa para pessoa sem dinheiro 60

3.3.2 De empresa para pessoa sem dinheiro 63

3.3.3 De pessoa para pessoa com dinheiro 64

3.3.4 De empresa para pessoa com dinheiro 65

3.4 OS MOVIMENTOS DO COMPARTILHAMENTO 66

3.5 HUMANIZANDO O CAPITALISMO 68

3.6 AMPLIANDO AS POSSIBILIDADES DE ESTUDOS 70

4 PESQUISA SOBRE ECONOMIA COMPARTILHADA NO BRASIL 79

4.1 QUESTIONÁRIO 80

4.2 METODOLOGIA 88

4.3 COMENTÁRIOS FEITOS NO *FACEBOOK* 100

4.4 PERFIL DOS ENTREVISTADOS 103

4.5 RESULTADOS DA PESQUISA 106

4.5.1 O compartilhamento de automóvel 106

4.5.2 O compartilhamento de habitação 121

4.5.3 A propriedade 147

4.5.4 O meio ambiente 150

4.5.5 A solidariedade 152

4.5.6 A confiança..154

4.6 PERFIL DO CONSUMIDOR 158

5 CONSIDERAÇÕES FINAIS 163

REFERÊNCIAS... 173

1
INTRODUÇÃO

No início do século XXI, nos Estados Unidos, especificamente na região conhecida como Vale do Silício, na Califórnia, um grupo de jovens, por conta de estarem com pouco recursos para consumir devido à crise financeira internacional de 2007-2008, e querendo manter o consumo em alta, teve a ideia de consumir produtos e serviços de forma compartilhada através dos seus *smartphones* conectados pela internet, e assim o movimento econômico e social denominado Economia Compartilhada começou a ganhar dimensão mundial.

Economia Compartilhada refere-se ao "ato e processo para distribuir o que é nosso para os outros utilizarem"[1] (BELK, 2007, p.126, tradução nossa); trata-se do uso da propriedade do outro por meio da comunicação tecnológica, decorrente da cultura de tecnologia do Vale do Silício (HAMARI; SJOKLINT; UKKONEN, 2016). Esse conceito "inclui a criação, produção, distribuição, o comércio e consumo compartilhado de bens e serviços por pessoas e organizações" (VILLANOVA, 2015, p. 08) por conta do avanço da internet, conectando pessoas desconhecidas na rede mundial (SCHOR, 2014), realizado no século XXI (MAURER *et al.*, 2015).

---

[1] "As the act and process of distributing what is ours to others for their use".

Para estudar tema econômico e social contemporâneo, inovador, e de grande relevância global, **Economia Compartilhada: um estudo para o Brasil** busca, em especial, responder ao seguinte questionamento: Qual o perfil do consumidor com maior probabilidade de participar da Economia Compartilhada no Brasil? Os objetivos específicos são:

i) compreender os fatores econômicos e sociais que desencadearam o surgimento da Economia Compartilhada no mundo;

ii) sugerir temas de estudos decorrentes do surgimento da Economia Compartilhada;

iii) dimensionar o mercado brasileiro para o compartilhamento de automóvel e habitação;

iv) identificar os desafios e as restrições para o crescimento da Economia Compartilhada no Brasil;

v) e identificar as tendências mundiais no consumo que favorecem a Economia Compartilhada.

Mesmo sendo a Economia Compartilhada um movimento recente, já congrega empresas com grande valor de mercado, muitas delas líderes do seu setor, como por exemplo: *Uber*, *Airbnb*, *Spotify*, *Facebook*, *Amazon*, *Netflix*, dentre outras.

Este livro divide-se em cinco capítulos e no Capítulo 2, para responder ao objetivo específico: compreender os fatores econômicos e sociais que desencadearam o surgimento da Economia Compartilhada no mundo, destaca-se que a vontade de compartilhar em sociedade é um assunto antigo, que sempre existiu na história da humanidade e foi tema de interesse de autores de livros clássicos que descreveram sociedades onde as pessoas viviam compartilhando: "Utopia" de Thomas Morus (1516) e "Notícias de lugar nenhum" de William Morris (1891); além dos pensadores Darcy Ribeiro (1957) e Sérgio Buarque de Holanda (1936), mostrando a forma como os índios brasileiros da mesma tribo viviam compartilhando.

Para que acontecesse uma mudança significativa no consumo das pessoas, impactando as empresas do sistema capitalista, ocorreram diversos fatores econômicos e sociais que nos levaram para esse caminho: o avanço da tecnologia; as mudanças nas relações de trabalho; o endividamento da sociedade gerado pela dependência do consumo, tal como alertava Zygmunt Bauman (2008).

No Capítulo 3 registra-se que na crise financeira internacional de 2007-2008, o jornalista Thomas Friedman deu a seguinte declaração que retrata bem o momento: "Tanto a mãe natureza quanto o mercado chegaram a um limite e declararam que o modelo hiperconsumista em vigência não era mais sustentável" (SILVA et al., 2019, p. 01).

Esse cenário de crise financeira, com necessidade de redução no custo do consumo, levou parte da sociedade para uma "mudança da política sociocultural de consumo" (FREITAS; PETRINI; SILVEIRA, 2016. p. 13), onde o mais importante passou a ser a aproximação de "pessoas com necessidades ou interesses semelhantes que se unem para partilhar e trocar ativos menos tangíveis, tais como tempo, espaço, habilidades e dinheiro" (FREITAS; PETRINI; SILVEIRA, 2016. p. 07). Isso gerou um efeito direto no mercado consumidor, com impactos na produção; valorização do meio ambiente e consumo ético; aproximação das pessoas no ato do consumo e consequente redução da privacidade;

avaliação do consumidor por parte de quem oferta o produto e/ou serviço; aumento da relevância da confiança entre as pessoas no ato do consumo; dentre outros fatores.

Analisam-se as diferentes formas de compartilhamento: de pessoa para pessoa sem dinheiro; de empresa para pessoa sem dinheiro; de pessoa para pessoa com dinheiro; e de empresa para pessoa com dinheiro; em todos os casos citando exemplos práticos de empresas atuantes no mercado da Economia Compartilhada.

Defende-se que a Economia Compartilhada está colaborando para humanizar o capitalismo, tendo sido apresentado em vários momentos exemplos teóricos e práticos onde o compartilhamento, o consumo ético, as ações das empresas e pessoas, estão caminhando para um consumo onde o pensamento coletivo se sobrepõe ao individualismo, com ênfase nos exemplos dos movimentos de compartilhamento sem a necessidade do dinheiro.

Conclui-se o Capítulo 3 apresentando a resposta do objetivo específico: sugerir temas de estudos decorrentes do surgimento da Economia Compartilhada. São diversas possibilidades de estudos sobre o tema Economia Compartilhada, nas mais diversas áreas: na sociologia e filosofia; na economia, administração e negócios; no setor financeiro; nas políticas públicas; no estudo do emprego e renda; na área jurídica; no meio ambiente; no setor de saúde; na arquitetura, no urbanismo e na construção civil, no setor de turismo; no setor educacional; e na tecnologia.

No Capítulo 4 apresenta-se uma Pesquisa sobre Economia Compartilhada, onde foram aplicados 2.357 questionários em todo o território brasileiro, mantendo-se a relação entre o sexo e à população de cada um dos 26 estados e o Distrito Federal, tendo como base os dados fornecidos pelo Instituto Brasileiro de Geografia e Estatística (IBGE).

Fez-se um questionário para a Pesquisa com 16 perguntas fechadas, para ser respondido individualmente, subdividido em três blocos de interesses: seis perguntas sobre o perfil dos entrevistados (sexo, nível de escolaridade, idade, estado civil, renda familiar mensal e estado onde mora); cinco perguntas sobre o compartilhamento de automóvel e habitação; e cinco perguntas sobre: propriedade, meio ambiente, solidariedade, confiança e tecnologia.

Acessou-se os 2.357 entrevistados pelo *Facebook*, que é um "método de condução de pesquisa na internet que está crescendo", que são aplicados para pesquisas com "uma população maior", e que, com relação aos resultados obtidos, "as diferenças são pequenas ou de magnitude praticamente insignificante" em relação às pesquisas tradicionais e, portanto, conclui-se "que o *Facebook* é uma plataforma de pesquisa viável, e que os resultados recrutados no *Facebook* para fins de pesquisa são uma forma promissora de levantar dados, oferecendo diversas vantagens em relação às amostras tradicionais" (RIFE; CATE; KOSINSKI; STILLWELL, 2016, p. 69, tradução nossa). Pode-se dizer também que a pesquisa pelo *Facebook* tem "um bom custo benefício para recrutar rapidamente grandes amostras de participantes em qualquer lugar do mundo" (SAMUELS; ZUCCO, 2013, p. 01, tradução nossa), e que "o *Facebook* está sendo reconhecido rapidamente como uma ferramenta de pesquisa poderosa para as ciências sociais" (KOSINSKI; MATZ; GOSLING; POPOV; STILLWELL, 2015, p. 03).

Durante todo o desenvolvimento do Capítulo 4 apresenta-se os resultados da Pesquisa sobre Economia Compartilhada tendo como finalidade responder o objetivo principal: Qual o perfil do consumidor com maior probabilidade de participar da Economia Compartilhada no Brasil? E também os objetivos específicos: dimensionar o mercado brasileiro para o compartilhamento de automóvel e habitação; e identificar os desafios e as restrições para o crescimento da Economia Compartilhada no Brasil.

Com relação à dimensão do mercado brasileiro para o compartilhamento de automóvel e habitação, cita-se essa pequena amostra dos resultados da Pesquisa: 35% dos entrevistados responderam "sim" quando perguntados se estariam dispostos a compartilhar um automóvel próprio ocioso; e 43% dos pesquisados responderam que compartilhariam um quarto de sua casa/apartamento para um turista.

Com relação à questão de valores, dentre os muitos resultados disponíveis na Pesquisa, antecipa-se um desafio para o crescimento da Economia Compartilhada no Brasil: na pergunta sobre confiança apenas 11% dos entrevistados responderam "que a maioria das pessoas é de confiança", resultado que, segundo os estudos teóricos apresentados no Capítulo 3, interferem negativamente no ato de compartilhar.

Seguiram-se os estudos para atender o objetivo principal: Qual o perfil do consumidor com maior probabilidade de participar da Economia Compartilhada no Brasil? e, desta forma, fez-se estudos estatísticos de Análise Fatorial e Análise de Regressão. Os resultados indicaram qual o sexo, o nível de escolaridade, a idade, o estado civil, a renda familiar mensal e a região em que mora o brasileiro com maior probabilidade de compartilhar automóvel e habitação.

Com relação aos valores: propriedade, meio ambiente, solidariedade e confiança, entre muitos resultados da Pesquisa, informa-se antecipadamente sobre o meio ambiente: os indivíduos que responderam estarem "muito disposto" e "extremamente disposto" a mudar o seu estilo de vida para colaborar com o meio ambiente são os que possuem maior probabilidade de participar da Economia Compartilhada.

Vale registrar que essa pode ser, até o presente momento, a única pesquisa sobre o tema Economia Compartilhada com esta dimensão – isto é, realizada em todos os 26 estados brasileiros mais o Distrito Federal – que está disponível ao público.

Nas CONSIDERAÇÕES FINAIS tem-se um resumo dos resultados dos estudos teóricos e práticos e consequentemente a resposta de mais um objetivo específico: identificar as tendências mundiais no consumo que favorecem a Economia Compartilhada.

Assim, tem-se como justificativa desenvolver esforços no tema Economia Compartilhada, com foco no consumidor brasileiro, o fato de ser um movimento econômico e social mundial contemporâneo, com poucos estudos desenvolvidos por parte da Academia brasileira em relação à importância do tema, e na atividade empresarial as empresas brasileiras precisam estar atentas para esta nova realidade cada vez mais ocupadas por empresas internacionais.

2
ECONOMIA COMPARTILHADA E COMPARTILHAMENTO

Ao longo deste capítulo tem-se a definição da Economia Compartilhada, os movimentos teóricos e práticos de compartilhamento que sempre existiram na sociedade, e os fatores econômicos e sociais que ocorreram no século XX que fizeram com que o compartilhamento do passado se tornasse a Economia Compartilhada do século XXI, respondendo assim um dos objetivos específicos: <u>compreender os fatores econômicos e sociais que desencadearam o surgimento da Economia Compartilhada no mundo</u>.

2.1 DEFINIÇÃO DE ECONOMIA COMPARTILHADA

Belk (2007) definiu o "consumo compartilhado" como "o ato e processo para distribuir o que é nosso para os outros utilizarem e/ou o ato ou processo de receber algo de outros para nosso uso"[2] (BELK, 2007, p.126, tradução nossa).

Talvez, melhor do que comprar uma bicicleta é usá-la de forma compartilhada apenas nas horas em que convier, especialmente

---

[2] "the act and process of distributing what is ours to others for their use and/or the act and process of receiving or taking something from others for our use".

quando os espaços para guardá-las são cada vez menores. O brinquedo de uma criança também pode ser trocado e repassado para outras crianças. E para que ter um automóvel na garagem, de sua propriedade, de alto valor e grande depreciação, se só precisa usá-lo poucas horas por semana?

Segundo Algar (2007), o conceito de Economia Compartilhada é a prática da divisão dos produtos, os empréstimos comerciais, aluguel e trocas em ações realizadas no século XXI.

Necessário registrar a diferença entre "compartilhamento" e "Economia Compartilhada". O compartilhamento, como define o próprio significado da palavra na língua portuguesa, consiste na utilização de produtos e serviços entre as pessoas de uma forma mais ampla, comportamento que sempre existiu em nossa sociedade e já foi fruto de muitos estudos e pensamento, enquanto a Economia Compartilhada consiste no compartilhamento de produtos e serviços com a utilização da tecnologia, com os *smartphones* e a internet conectando as pessoas de forma mais prática, rápida, eficiente, e em maior escala (MAURER *et al.*, 2015).

Com o avanço da internet, que conecta pessoas desconhecidas na rede mundial, surgiram novos modelos de negócios baseados no compartilhamento de bens e serviços com grande escala, fato que no passado não era possível, pois o compartilhamento somente acontecia entre pessoas próximas e conhecidas (VILLANOVA, 2015).

Segundo Hamari, Sjoklint e Ukkonen (2016) a Economia Compartilhada "é o acesso à propriedade do outro através do uso de serviços on-line, realizando transações monetárias e não monetárias, como compartilhamento, troca, negociações e locações"[3] (2016, p. 2048, tradução nossa).

O crescimento da Economia Compartilhada está gerando uma grande revolução no consumo e que só está acontecendo graças aos avanços decorrentes da cultura de tecnologia do Vale do Silício (HAMARI; SJOKLINT; UKKONEN, 2016). Isso está fazendo com que "todos nós estejamos cada vez mais conectados com tudo o que existe – com as pessoas, com os negócios, com as organizações e com as coisas"[4] (GANSKY, 2010, p. 17, tradução nossa).

Para Gansky (2010), a Economia Compartilhada

> é considerada um sistema socioeconômico construído em torno do compartilhamento de recursos humanos e físicos, o qual inclui a criação, produção, distribuição, o comércio e consumo compartilhado de bens e serviços por pessoas e organizações (GANSKY, 2010 apud SILVEIRA; PETRINI; SANTOS, 2016, p. 300).

A Economia Compartilhada do século XXI, fruto do desenvolvimento da tecnologia e da invenção da internet e dos *smartphones*, que permitiram a conexão global instantânea entre as pessoas, já fazia parte do desejo de muitos e era realizada em pequena escala e,

---

[3] "[...] to be based on access over ownership, the use of online services, as well as monetary and nonmonetary transactions such as sharing, swapping, trading, and renting".

[4] "[...] we are all increasingly connected to everything else — to other people, businesses, organizations, and things".

normalmente, com pessoas próximas geograficamente, como poderemos ver a seguir.

2.2 O COMPARTILHAMENTO NA SOCIEDADE

A vontade de compartilhar sempre fez parte do universo coletivo das pessoas, experiências que remontam há séculos. A Economia Compartilhada, conforme exposto anteriormente, depende da tecnologia e é produto que tomou dimensão global no início do século XXI.

Analisando essa questão desde os tempos remotos até hoje, Belk (2010) defende que a sociedade sempre esteve em constante compartilhamento, a exemplo da convivência em família, onde sempre ocorreu a divisão de alimentos e habitação e, acredita ele, a internet é o espaço máximo do compartilhamento atual.

Como exemplo de pensadores que estudaram sociedades que tinham como base o compartilhamento de produtos e serviços, destaca-se Thomas Morus (1478-1535), o filósofo e escritor inglês que é considerado um dos grandes humanistas do Renascimento. Como escritor, o seu livro mais importante, "Utopia", escrito em 1516, é uma ficção em que ele relatou a vida em uma ilha do mesmo nome, fato inclusive que originou a própria palavra "utopia".

Thomas Morus defendia uma sociedade mais igualitária, com todos trabalhando apenas o necessário para a produção e prestação dos serviços para a população da ilha Utopia. A produção estava vinculada à capacidade de fazer, a habilidade e força de trabalho de cada um. A divisão dos produtos e o consumo eram distribuídos conforme a necessidade de cada cidadão, todos tendo o direito de consumir de forma a gerar um bem-estar coletivo. Essa sociedade imaginária, que não possuía dinheiro, fruto da mente de Thomas Morus, em pleno século XVI, tinha como base o compartilhamento (MORUS, 2017).

> Para persuadi-los melhor, lembrarei um ano ruim e estéril, em que milhares de homens morreram de fome. Sustento que, no final da escassez, se tivessem vasculhado os seleiros dos ricos, neles teriam encontrado trigo suficiente para distribuí-lo a todos os que sucumbiram às privações; e ninguém teria então sequer percebido a parcimônia do céu e do solo. Como os recursos poderiam ser facilmente obtidos se esse bendito dinheiro – que só inventaram, dizem, para facilitar sua vida – não obstruísse os caminhos! (MORUS, 2017, p. 153).

E, na imaginária ilha Utopia, a sociedade funcionava sob base mais humana "onde tudo é de todos" e assim, segundo Morus (2017), todos tinham uma vida mais feliz.

Vale notar que quando Pedro Álvares Cabral aportou suas caravelas no estado da Bahia, em Porto Seguro, estavam os índios vivendo em uma sociedade onde os produtos eram compartilhados entre todos da mesma tribo, e trocados sob a forma de escambo com pessoas de fora da tribo, sendo as tarefas divididas na própria tribo de forma semelhante ao idealizado na ilha Utopia.

O antropólogo brasileiro Darcy Ribeiro (1922-1977) escreveu em seu livro *"O povo brasileiro: a formação e o sentido do Brasil"*, que no Brasil do descobrimento viviam "talvez, 1 milhão de índios, divididos em dezenas de grupos tribais" (RIBEIRO, 2006, p.31) e que essa população indígena "não era pouca gente, porque Portugal àquela época teria a mesma população ou pouco mais" (RIBEIRO, 2006, p. 31), ou seja, era uma quantidade representativa de pessoas, para a época, que viviam compartilhando os produtos e serviços entre os índios da mesma tribo.

O historiador brasileiro Sérgio Buarque de Holanda (1994) deixa claro a forma de vida dos índios, onde as tarefas eram bem divididas entre homens e mulheres, cabendo aos homens a caça, a pesca e o preparo da terra, e às mulheres a plantação e o preparo dos alimentos. No momento das refeições a partilha era a regra e, citando o historiador português Pero Magalhães Gandavo (1540-1579), a vida entre os índios era muito pacífica, não havendo diferenças entre eles, "sempre de qualquer coisa que um coma, por pequena que seja, todos os circunstantes hão de participar dela" (HOLANDA, 1994, p. 74) e, havendo necessidade de distribuição da caça, pesca ou frutos, isso acontecia de forma natural, como poderemos ver a seguir:

> Os produtos da caça, da pesca, da coleta e das atividades agrícolas pertenciam à parentela que os conseguisse. Não obstante, se houvesse escassez de mantimentos ou se fosse imperativo retribuir a presentes anteriores, eles eram divididos com os membros de outras parentelas ou distribuídos entre os componentes de todo o grupo local. Como escreve Léry, em congruência com outros autores da época, mostram os selvagens sua caridade natural presenteando-se diariamente uns aos outros com veações, peixes, frutas e outros bens do país; e prezam de tal forma essa virtude que morreriam de vergonha se vissem o vizinho sofrer falta do que possuem (HOLANDA, 1994, p.74).

O historiador também descreveu a ocupação das terras e das construções utilizadas pelos índios brasileiros como de uso compartilhado e equilibrado entre todos. Eles viviam em tribos compostas por "malocas", com habitações coletivas de "cinquenta a duzentos indivíduos" (HOLANDA, 1994, p.85). A vida era harmônica, "nada podia ser segredo para ninguém e todos compartilhavam das experiências cotidianas de cada um" (HOLANDA, 1994, p.85). Por sinal, a base da Economia Compartilhada do século XXI, como demonstrado mais à frente, é exatamente a troca de experiências, inclusive na habitação, a exemplo do que é praticado pelo *Airbnb*, hoje a maior empresa do mundo em venda de diárias de hospedagem.

No livro "*Teorias da Cidade*", de Bárbara Freitag (2006), é mencionado que o escritor, historiador e jurista brasileiro Afonso Arinos de Melo Franco (1905-1990), autor da Lei Afonso Arinos contra a discriminação racial, defendia que a descrição da localização da ilha Utopia coincidia com a localização da ilha de Fernando de Noronha.

Outro pensamento teórico de convivência em sociedade que praticava o compartilhamento foi desenvolvido por Charles Fourier (1772-1837), francês, socialista utópico, que viu sua família ir à falência na Revolução Francesa e tornou-se um crítico do sistema capitalista vigente, defendendo uma nova sociedade com bases mais humanas. Fourier idealizou os "falanstérios", palácios onde as pessoas morariam e dividiriam as tarefas, com base na habilidade pessoal e vocação de cada um, e partilhariam os resultados dos produtos e serviços através do consumo compartilhado, sem a necessidade do dinheiro (BORGES, 2017).

Segundo Bárbara Freitag (2006), Fourier acreditava, com a construção dos falanstérios, "poder construir uma sociedade justa", alterando a ordem social, formando "organizações coesas, bem equipadas e organizadas para a vida e o trabalho coletivos, e construções confortáveis, que abrigariam até duas mil pessoas". Dentro do seu pensamento idealista, Fourier acreditava que a vida no falanstério levaria as pessoas a um grande avanço social, conduzindo a humanidade "a níveis de civilização cada vez mais elevados" (FREITAG, 2006, p. 52).

A ideia de Fourier foi posta em prática por Jean Baptiste André Godin (1817-1888) que, diferentemente de Fourier, nasceu em uma família modesta e fez fortuna como inventor de ligas de metais elaborados, cujo conhecimento utilizou na sua indústria para a produção de fogões a lenha e carvão de ferro fundido. Conhecedor das ideias de Karl Marx e dos planos de Fourier, sensível e chocado com as atrocidades da Primeira Guerra Mundial, decidiu utilizar parte da sua fortuna na aplicação prática do falanstério, implantando o "Familistério de Guise", na cidade do mesmo nome, na França. Godin adquiriu em 1859 uma propriedade agrícola de 18 hectares, onde construiu um falanstério, com projeto inspirado no Palácio de Versalhes, que possuía no pavimento térreo do prédio: teatro, bar, restaurante, escola, lojas, piscina e um pátio central "coberto por estruturas de ferro e vidro, aquecido no inverno e refrigerado no verão" e, nos pavimentos superiores, apartamentos de um a três quartos, distribuídos conforme o tamanho das famílias. Da área externa agricultável vinham os alimentos para os mais de 1.700 moradores (FREITAG, 2006).

No "Familistério de Guise", segundo Freitag (2006), as questões sociais eram consideradas importantes para a convivência pacífica e o desenvolvimento intelectual dos seus moradores, como podemos ver a seguir:

> Godin introduzira um sistema de seguro social, bens como educação obrigatória, para todas as crianças e para os adultos. A moradia era gratuita para cada operário com sua família. Em 1868, o próprio Godin passou a morar no familistério, juntamente com a sua segunda mulher, Marie Moret, que se encarregava do jardim de infância, da escola e da enfermaria (FREITAG, 2006, p. 54).

Tendo funcionado por aproximadamente 110 anos, e citado por Friedrich Engels como uma iniciativa de sucesso, hoje o "Familistério de Guise" é um museu vivo administrado pela Comunidade Europeia.

E, dessa forma, fica registrado que vários são os casos de ideias, estudos, experiências e fatos concretos de convivência social baseada no compartilhamento de produtos e serviços que não podem ser considerados Economia Compartilhada, porque, para ter a denominação de Economia Compartilhada é condição *sine qua non* as pessoas estarem compartilhando conectadas em rede, pela internet, nos seus aparelhos eletrônicos.

2.3 FATORES ECONÔMICOS E SOCIAIS QUE NOS LEVARAM À ECONOMIA COMPARTILHADA

Fatores econômicos e sociais ocorreram no século XX proporcionando o surgimento da Economia Compartilhada. Dentre os principais podemos citar: o avanço da tecnologia, as mudanças nas relações de trabalho, o endividamento da sociedade, e a dependência das pessoas do consumo, assuntos tratados a seguir.

2.3.1 O avanço da tecnologia

O avanço da tecnologia marcou o século XX, principalmente na sua segunda metade. Atualmente, quase tudo que existe ao nosso redor foi criado durante esse curto período de tempo da humanidade. As revoluções tecnológicas alteraram a forma como vivemos em sociedade e, especificamente, como consumimos.

Segundo Severo Ochoa (1905-1993), espanhol naturalizado estadunidense, ganhador do Prêmio Nobel de Medicina em 1959 pelas suas pesquisas com o RNA, que geraram os estudos do DNA: "O mais fundamental é o progresso da ciência, que tem sido realmente extraordinário [...] Eis o que caracteriza o nosso século", referindo-se ao século XX (HOBSBAWN, 1995, p. 12).

A tecnologia revolucionou a produção industrial, agrícola e o setor de serviços. Ocorreu um grande aumento da produção, com melhora na eficiência e na qualidade, e principalmente na criação de novos produtos e serviços. Segundo Jeffry A. Frieden, professor da Universidade Harvard, se fosse possível uma pessoa, que estivesse em 1900, ser transferida para o ano 2000, sem que essa pessoa tivesse vivido o século XX, ela não acreditaria no que estaria vendo no que diz respeito ao "imenso crescimento da produtividade e da riqueza, as inimagináveis novas tecnologias e a melhora do conforto material o teria deixado sem fala" (FRIEDEN, 2008, p. 11).

Mais avanço tecnológico, mais riqueza. Segundo Paulo Roberto de Almeida (2001), citando a riqueza gerada pelo capitalismo no mundo, no século XX, o produto global cresceu 19 vezes durante este período, para uma população que foi apenas quadruplicada. Isso gerou como resultado um aumento do produto per capita. Nesse sentido, Almeida (2001) ironiza: "O século XX desmentiu cabalmente as sombrias previsões malthusianas" (ALMEIDA, 2001, p. 114).

A Economia Compartilhada, movimento impulsionado neste início do século XXI, só foi possível ser viabilizada graças a esse enorme avanço tecnológico ocorrido no século XX e, se quisermos eleger as duas principais invenções que tornaram viável a Economia Compartilhada, elas são: a internet e o *smartphone*.

Pode-se afirmar que a economia se tornou "global" e baseada "em redes" por conta principalmente da "internet" (RIFKIN, 2001, p.15). Segundo o sociólogo Manuel Castells, a internet viabilizou a criação, por exemplo, de redes de fornecedores, de produtores, de clientes (CASTELLS, 1999) e, na Economia Compartilhada isso estimula a realização de trocas e aluguéis. Essas relações comerciais que eram realizadas pela internet através dos computadores, normalmente localizados nas casas e empresas dos clientes e fornecedores, com a invenção dos *smartphones*, se ampliou para o local do próprio consumo e, desta forma, as possibilidades de compartilhamento ganharam grande impulso.

2.3.2 As mudanças nas relações de trabalho

Esse avanço tecnológico, muito benéfico por causa do aumento da produção e da riqueza, gerou uma grande alteração nas relações de trabalho. Nas últimas décadas, vários serviços que antes necessitavam de muita mão de obra são hoje realizados com poucos funcionários que operam os sistemas e máquinas. Outros postos de trabalho passaram a não mais existir, e as novas empresas que estão sendo criadas, na sua grande maioria, necessitam de pouca mão de obra.

Jorge Eduardo L. Mattoso (1994) afirmou que os líderes mundiais e muitos especialistas no assunto debatem frequentemente a questão do emprego e frisa que estamos ainda sem o diagnóstico correto para a solução do grave problema.

> Os remédios recomendados para enfrentar esse *mal-estar* da sociedade contemporânea [o desemprego] continuariam, portanto, remetendo-se apenas ao maior crescimento econômico, que mostrou-se insuficiente entre 1983 e 1990, ou à maior flexibilização e redução de custos (leia-se de salários), já realizada drasticamente durante toda a década de 80 sem maiores resultados do ponto de vista da geração de emprego (MATTOSO, 1994, p. 13).

Mattoso (1994) também cita que saímos de um ambiente de emprego seguro no pós-guerra para uma "distribuição desequilibrada dos benefícios do progresso técnico" (TAVARES, 1992 apud MATTOSO, 1994, p.14) após meados da década de 1960, privilegiando o trabalhador com mais conhecimento em detrimento dos trabalhadores menos preparados, que formam a grande maioria da mão de obra no mundo. Outra mudança identificada por Mattoso (1994) na forma de trabalho foi com a "redução de empregos estáveis ou permanentes nas empresas e da maior subcontratação de trabalhadores temporários". Ele destaca a ampliação do número das pessoas que trabalham em casa, de forma independente como autônomos e pessoas que dividem o seu tempo de trabalho entre várias ocupações. Segundo ele, a "história não acabou", pois a sociedade continuará em profunda evolução e mudanças, com mais avanços tecnológicos e menos empregos (MATTOSO, 1994).

Já no século XXI, pode-se dizer que a velocidade das mudanças nos negócios é outro fator que gera a insegurança na renda das pessoas, interferindo diretamente na vida do empregador e do empregado. Os empresários convivem em um ambiente de negócios em constantes mudanças, de alta imprevisibilidade em que a qualquer momento pode surgir uma inovação, fruto da tecnologia, que é um fator positivo em uma visão global, mas que gera insegurança no cenário micro e, desta forma, o empregador também termina transferindo a insegurança financeira do seu negócio para a remuneração dos seus empregados.

O fato é que essa instabilidade do mercado e do emprego exige dos cidadãos soluções de flexibilidade e baixo custo no lado das despesas. É nesse cenário que surge a Economia Compartilhada, que pode reduzir o investimento, baixar o custo dos produtos ou serviços, e ainda tornar eventual o vínculo do consumo.

O cidadão ou a empresa consumindo de forma compartilhada os produtos e serviços que não são de uso constante, estão, na prática, usufruindo de apenas parte de um determinado produto ou serviço.

Dessa forma, eles conseguem reduzir as suas despesas e custos em diversos itens de consumo, sem que para isso a empresa reduza a sua capacidade produtiva, ou a pessoa deixe de ter o prazer da experiência do consumo. Esse movimento de redução de custos devido ao compartilhamento também permite com que o valor remanescente seja investido pela empresa para ampliar ou gerar novos negócios, e pelo cidadão em outras atividades ou outros produtos, possibilitando assim novas experiências de consumo.

2.3.3 O endividamento da sociedade

Mesmo com a insegurança do empregado no que diz respeito à manutenção e ampliação da renda, gerada pelo avanço da tecnologia, principalmente na segunda metade do século XX, a indústria precisava de clientes para vender a sua produção, que a cada dia aumentava com a invenção de novos produtos e o aumento da produtividade.

Assim, para que a população ampliasse sua capacidade de consumo, e desse vazão ao aumento da produção da indústria, o setor industrial se aliou ao setor financeiro, que permitiu o acesso do consumidor aos produtos, através de linhas de créditos, causando assim impacto direto na vida financeira das famílias.

Robert Guttmann e Dominique Plihon (2008) afirmaram que depois do fim do padrão ouro, no início da década de 1970, e do dólar se tornar a moeda de padrão mundial, os Estados Unidos passaram a ter uma moeda elástica e que serviu de pilar para a ampliação do consumo via endividamento das famílias, fruto da ampliação do crédito para as empresas aumentarem a produção. Ou seja, segundo os autores "o sistema bancário ficou em posição de financiar o rápido crescimento econômico". Esse cenário não ficou localizado somente nos Estados Unidos, pois vários países europeus e muitos outros países capitalistas também seguiram essa fórmula do padrão de relacionamento entre o setor produtivo e o mercado financeiro (GUTTMANN; PLIHON, 2008).

Analisando esse cenário, Zygmunt Bauman (2008), sociólogo polonês radicado na Inglaterra, afirmou que, nesse período, deixamos de ser uma "sociedade de produtores" para vivermos na "sociedade do consumo", logo, para ele somos atualmente cidadãos consumistas e endividados. Esse pensamento é semelhante ao de Gilles Lipovetsky (2007), filósofo francês, segundo o qual "o capitalismo de consumo tomou o lugar das economias de produção", fazendo com que as pessoas supram as suas angústias nas compras, financiadas pelos bancos e financeiras, que parcelam as vendas, muitas vezes, por um tempo superior ao prazer gerado pelo produto ou serviço adquirido e, quando o prazer daquela compra acaba, outro produto precisa ser adquirido.

O endividamento das famílias, que se aprofundou em meados do século XX e que se mantém nos tempos atuais, impulsionado pelas linhas de crédito disponíveis, contribuiu para a crise financeira internacional de 2007-2008. A ampliação em excesso das linhas de crédito do setor imobiliário americano foi a origem da crise que se estendeu para vários outros setores da economia, em diversos países.

O problema do endividamento das famílias se manteve mesmo após a crise financeira internacional de 2007-2008. Segundo estudos do Fundo Monetário Internacional (FMI), ao considerar 80 países desenvolvidos e em desenvolvimento, notou-se que o consumo das famílias passou de 52% do PIB em 2008 para 63% do PIB em 2016 e a elevação do consumo tem sido estimulada pelos governos de diversos países para gerar crescimento econômico (Relatório Anual do FMI – Síntese, 2018).

Foi nesse cenário de endividamento e alto consumo das pessoas e famílias que a ideia de jovens californianos de compartilhar produtos e serviços prosperou. Essa era uma possibilidade de continuar usufruindo dos avanços da tecnologia, mantendo o consumo em alta e dispendendo menos recursos por atividade realizada, saciando os desejos das experiências do consumo: talvez como forma de alimentar o próprio vício, como veremos a seguir.

2.3.4 A dependência do consumo

A possibilidade de consumir um bem ou serviço de forma compartilhada pode ser uma alternativa àqueles que não têm condição de ter a propriedade do bem para consumi-lo. Vale lembrar que segundo Bauman (2010), a sociedade está viciada em consumir, e, portanto, as pessoas muitas vezes não conseguem reduzir o consumo dos produtos mais supérfluos porque, no pensamento coletivo, esses produtos já se tornaram essenciais.

> O objeto das operações de crédito não é só o dinheiro pedido e emprestado, mas o revigoramento da psicologia e do estilo de vida de "curto prazo". À medida que se infla até o ponto de ruptura, a grande bolha é cercada por uma multidão de minibolhas pessoais ou familiares impelidas a segui-las rumo à perdição (BAUMAN, 2010, p. 45).

Essa forma de agir, priorizando o consumo, levou as pessoas a achar que não ter o novo produto lançado no mercado significa ser inferior às pessoas que o possuem, e a indústria, com ainda mais avanço tecnológico, a cada dia apresenta para o consumidor novos aparelhos do futuro para serem consumidos imediatamente.

> O aumento permanente do consumo, ou a rotatividade acelerada de novos objetos de consumo, talvez seja a única ou pelo menos a principal e mais efetiva maneira de satisfazer a busca humana de felicidade (BAUMAN, 2007, p.40).

William Morris (2002), escritor britânico, sonhou com uma sociedade justa, sem diferenças sociais, sem o dinheiro, com o compartilhamento dos bens e serviços e, analisando o sistema capitalista vigente no final do século XIX, fez a descrição da sociedade inglesa, berço da Revolução Industrial (1760-1840), onde podemos comparar e perceber que a descrição se assemelha muito com a nossa sociedade atual.

> Do que ouvimos e lemos fica claro [...] os homens caíram num círculo vicioso na questão da produção de bens. Haviam chegado a uma maravilhosa facilidade de produção e, para aproveitar o máximo aquela facilidade, eles criaram (ou deixaram crescer) um elaborado sistema de compra e venda chamado Mercado Mundial; esse Mercado, uma vez ativo, forçou-os, precisando ou não, a produzir quantidades cada vez maiores de bens. De forma que, apesar de (evidentemente) já não poderem mais se libertar da tarefa de produzir as necessidades reais, criaram uma série sem fim de necessidades falsas ou artificiais, que se tornaram, sob a lei de ferro do já

> mencionado Mercado Mundial, tão importantes para eles quanto as necessidades reais de manutenção da vida. Por tudo isso, eles se sobrecarregam com uma massa prodigiosa de trabalho apenas para manter operando o perverso sistema (MORRIS, 2002, p. 151).

Bauman (2007) cita a frase de Keynes, o qual defende que, na vida, nós devemos dar menos importância ao consumo e mais à qualidade de vida, pensamento que coincide com o de William Morris (2002), em períodos diferentes.

> Não está longe o dia em que o problema econômico ocupará o banco traseiro que lhe cabe, e a arena do coração e da cabeça será ocupada ou reocupada por nossos problemas reais – os problemas da vida e das relações humanas, da criação, do comportamento e da religião (BAUMAN, 2007, p. 44).

Considerando a importância de consumir para parte expressiva dos cidadãos, chega-se ao ponto de concluir que, sem a prática do consumo, parcela expressiva da sociedade seria formada por indivíduos infelizes, e estas pessoas, que não possuem os bens de consumo, seriam consideradas pelas outras com "menos poder financeiro e status ou estar em uma fase da vida mais transitória"[5] (DURGEE; O'CONNER, 1995 apud BARDHI; ECKHARDT, 2012, p. 03, tradução nossa).

Se existem pessoas alertando para a necessidade de a sociedade promover mudanças no hábito de consumir, a maioria é a que prega

---

[5] "lower financial power and status or to be at a more transitorylife stage"

a manutenção do *status quo*. No atentado às "Torres Gêmeas" em Nova York – momento de comoção mundial – o então presidente dos Estados Unidos George W. Bush, tentando fazer com que as pessoas voltassem à vida normal, no dia seguinte ao atentado disse aos americanos que todos "voltassem às compras". A intenção do presidente, da maior potência mundial, era evitar que a economia americana sofresse com o atentado uma queda de consumo, que afetaria a produção, o sistema financeiro e, consequentemente, a popularidade do seu governo (BAUMAN, 2011).

Ampliando essas informações para centenas de mídias, milhões de empresas e bilhões de pessoas, chega-se a um emaranhado de informações que transformou o mundo em um grande mercado globalizado: somos todos consumidores, porém, para manter esse consumo pessoal em alta, o cidadão precisa trabalhar mais horas por dia, em um mercado instável e inseguro que, segundo Arlie Russell Hochschild, socióloga estadunidense, é um ciclo difícil de mudar, que altera a nossa vida e interfere até nas relações mais profundas de amor entre as pessoas (BAUMAN, 2011).

> Para ganhar dinheiro, aumentam sua jornada de trabalho. Estando fora de casa por tantas horas, compensam sua ausência do lar com presentes [para os filhos] que custam dinheiro. Materializam o amor. E assim continua o ciclo (BAUMAN, 2008, p. 153).

Nesse cenário de ampliação da produção, de vontade do cidadão em consumir, que para Bauman (2010) é um vício, com o mercado financeiro viabilizando o crédito e gerando uma sociedade endividada, os governos capitalistas e democráticos que tentarem reverter essa lógica sofrerão sobremaneira com a reação negativa da população que os elegeu.

E assim são avaliados os governos, pelo consumo de sua população: mais consumo, mais sucesso. São governos aferidos pelo Produto Interno Bruto (PIB) que é calculado considerando o somatório dos bens produzidos e consumidos em uma determinada região (BAUMAN, 2010).

Em um discurso prático e atual, o economista brasileiro Eduardo Giannetti (2016) cita exemplos onde o PIB aumenta, o que na análise atual é positivo, mas que representa um claro retrocesso da sociedade: "se eu moro perto do meu trabalho e posso caminhar até ele, o PIB nada registra; mas, se preciso tomar uma condução e pagar o bilhete (sem falar no tempo encalacrado no trânsito), ele sobe". Para Giannetti (2016), a agressão ao meio ambiente, em alguns casos, também pode gerar um aumento do PIB, citando o exemplo de um local hipotético onde a população polua os locais de captação de água natural e depois tenha que investir em uma indústria para tratar, engarrafar e distribuir uma água potável para consumo humano, acontecendo um aumento do PIB por causa de um flagrante atraso social e, nos dois casos, aumento do PIB com sinalização equivocada de que a sociedade e a economia vão bem.

Precisa-se questionar e rever várias crenças que estão nos fazendo seguir nesse caminho prejudicial para as pessoas e para o próprio capitalismo. Giannetti (2016) defende que devemos rever os indicadores que servem de base para definir se um país está bem governado, em um processo de desenvolvimento econômico, inclusive questionando a importância do Produto Interno Bruto (PIB) nessas análises: "o culto do PIB como métrica de sucesso das nações tornou-se uma espécie de religião do nosso tempo".

Uma parcela da nova sociedade quer mudanças no sistema econômico vigente, porém, mudanças geram conflitos, principalmente quando interferem em questões de grande escala e com grande impacto financeiro. Harald Welzer, o sociólogo alemão citado por Bauman (2007), defende uma mudança de rumo quando percebemos claramente que estamos no caminho errado.

> O que é necessário, sobretudo em tempo de crise, é desenvolver visões ou pelo menos ideias que nunca foram pensadas antes. Elas podem todas parecer ingênuas, mas não é esse o caso. Além disso, o que seria mais ingênuo que imaginar que o trem portador da destruição em escala maciça vai mudar sua velocidade e seu curso se as pessoas dentro dele correrem na direção oposta? Como disse Albert Einstein, problemas não podem ser resolvidos com o modelo de pensamento que os levou a eles. É necessário mudar o curso, e para isso o trem primeiro deve parar (WELZER, 2002 *apud* BAUMAN, 2007, p.74).

Será que uma das possíveis opções para essa mudança é o consumo compartilhado? O fato é que a cada dia que passa mais empresas com produtos e serviços sendo consumidos de forma compartilhada chegam ao mercado e, muitos deles, com consumo global. Vamos agora focar nos estudos da Economia Compartilhada no século XXI.

3
O COMPARTILHAMENTO NO SÉCULO XXI

O avanço da tecnologia ampliou e continua ampliando a quantidade de produtos inventados, e ainda aumentou a sua produção em quantidade, porém, em muitos casos com a redução da necessidade de mão de obra. Com a redução da necessidade de mão de obra, fruto também do avanço da tecnologia, houve grandes mudanças nas relações de trabalho, o que gerou instabilidade no emprego e, consequentemente, impacto na segurança da renda das pessoas e famílias. Porém, mesmo nesse ambiente inseguro da remuneração do trabalhador, a indústria precisava escoar os seus produtos e vender para o cidadão a última invenção do mercado, fruto dos avanços tecnológicos. Essa necessidade de ampliação das vendas, por parte das indústrias para quem não tinha recursos disponíveis para pagar, fez a indústria se associar com o setor financeiro para vender os produtos e serviços sem a necessidade imediata do pagamento, ou seja, com o cidadão podendo comprar de forma parcelada, em longos financiamentos, contribuindo para endividamento das pessoas e famílias, as quais ficaram dependentes e viciadas nos produtos de última geração, além de endividados.

Com a crise financeira mundial de 2007-2008, e a falta de recursos para manter o mesmo padrão de consumo, as pessoas passaram a aderir a ideia de consumir de forma compartilhada um determinado produto ou serviço, e assim, pagar somente por parte do percentual consumido: Economia Compartilhada.

Nesse capítulo analisaremos as características desse novo consumidor do século XXI, os impactos na produção, os efeitos no meio ambiente, o consumo ético, o reflexo na privacidade das pessoas e a confiança no ato de consumir de forma compartilhada. Serão apresentadas também algumas formas de compartilhamento: entre pessoas e empresas e com ou sem dinheiro; e os movimentos da Economia Compartilhada que humanizam o capitalismo, além de responder a um dos objetivos específicos: sugerir temas de estudos decorrentes do surgimento da Economia Compartilhada.

3.1 O MOMENTO IMPULSIONADOR DA ECONOMIA COMPARTILHADA

No atentado de 11 de setembro de 2001, citado anteriormente, George W. Bush pediu à população que todos continuassem consumindo. O objetivo era fazer com que a economia continuasse no mesmo cenário: avanço tecnológico, aumento de produção, ampliação do crédito, crescimento do consumo. Porém, em agosto de 2007, no final do seu segundo mandato, o mercado imobiliário americano sofreu uma grave crise, chamada de "a crise do *subprime*", exatamente fruto do excesso de consumo e da falta de regulação do crédito. Nesse caso específico, o financiamento descontrolado para a venda de imóveis para pessoas que não possuíam renda necessária para a sua aquisição deu origem à crise. Ela se expandiu por vários outros setores da economia em diversos países, na rápida velocidade do mundo globalizado, o que obrigou o governo americano a intervir no mercado, sendo depois seguido por vários governos de outros países, aportando dinheiro público em bancos e empresas privadas.

> Os legisladores se deram conta de que havia chegado a hora de pôr a máquina de imprimir dinheiro para funcionar no máximo e socorrer o setor financeiro antes da desintegração total (MARTIN, 2016, p.234).

Dessa forma, foi aportado um grande volume de dinheiro público no sistema financeiro privado, que tinha sofrido com a inadimplência, e também em várias outras empresas de produção que foram abaladas com a falta de crédito bancário e a redução do consumo da população. Guttmann e Plihon (2008) são claros com relação a essa injeção de recursos públicos no setor financeiro de vários países:

> Os principais bancos centrais do mundo tiveram que intervir repetidamente com grandes injeções de liquidez para impedir que o mercado interbancário, o centro nervoso da economia global, ficasse paralisado (GUTTMANN; PLIHON, 2008, p. 600).

Nesse momento, o jornalista Thomas Friedman, do jornal *The New York Times*, declarou que o modelo hiperconsumista em vigência não era mais sustentável (SILVA *et al.*, 2019).

Estava o cenário preparado para o início de uma mudança na forma de pensar o consumo, colocando em debate algumas das suas principais características: a propriedade, o progresso com base no aumento da produção e do consumo, o excesso de produção e a consequente agressão ao meio ambiente, o endividamento das pessoas e famílias, o vício do consumo.

Sem recursos para consumir por conta da crise financeira e querendo usufruir dos produtos e serviços diariamente criados e sempre aprimorados pelos constantes avanços tecnológicos, os consumidores decidiram, onde os produtos e serviços permitiram, compartilhar para poder pagar um valor inferior ao que pagariam no consumo convencional.

Para quem era proprietário de um automóvel, surgiu a inovadora empresa *Uber* compartilhando automóveis particulares e até dividindo corridas entre várias pessoas; para quem só adquiria produtos novos e em lojas físicas, chegou a *Amazon* com o *e-commerce* onde a plataforma de compartilhamento liga as pessoas com a possibilidade de venda de produtos novos e usados; para os que viajavam e ficavam hospedados em hotéis, surgiu a oportunidade de compartilhar hospedagem de custo mais baixo, em casas e apartamentos de pessoas físicas, através do aplicativo *Airbnb*; e assim, muitas formas de consumo estão sendo alteradas, vários setores da economia estão sofrendo grandes mudanças, algumas empresas e profissões estão deixando de existir, milhares de novos negócios surgiram e diferentes oportunidades de trabalho foram criadas, isso tudo no contemporâneo mundo da Economia Compartilhada.

É válido registrar que, o que poderia se transformar em um desconforto por parte das pessoas, o ato de compartilhar produtos e serviços – dividir, interagir, abrir mão da propriedade – passou a ser considerado exatamente como pontos positivos da Economia Compartilhada. Indiretamente, isso amplia a interação entre as pessoas e permite o acesso a produtos que antes do compartilhamento não podiam consumir.

Segundo Lipovetsky (2007), a sociedade está mudando e hoje o que grande parcela das pessoas quer são as novas experiências de consumo.

> Em uma época de consumo emocional, o importante já não é tanto acumular coisas quanto intensificar o presente vivido [...] procura a convivência em comunidades, afirmando assim a sua identidade (LIPOVETSKY, 2007, p. 70).

Os avanços estão acontecendo nessa área do consumo e tendem a se intensificar. Bauman (2011) também analisou esse movimento da nova geração que pode ser caracterizado pelo desapego ao bem material e à vontade de ter uma vida com mais emoção e menos compromissos, inclusive financeiros.

> Você vai em frente com rapidez, jamais enfrentando a corrente nem parando o suficiente para ficar estagnado ou se grudar às margens ou às rochas – propriedades, situações ou pessoas que passam por sua vida –, nem mesmo tentando agarrar-se a suas opiniões ou visões de mundo, apenas se ligando ligeiramente, mas com inteligência, a qualquer coisa que se apresente enquanto você passa e depois deixando-o ir embora graciosamente sem apegar-se (BAUMAN, 2011, p.11).

As novas gerações querem menos competição, mais tempo livre para o lazer, uma vida mais saudável, maior preocupação com a alimentação e com o meio ambiente, respeito ao coletivo em detrimento do individualismo. O romancista John Maxwell Coetzee é citado por Bauman (2007):

> É forçada a afirmação de que nosso mundo deve ser dividido em atividades econômicas competitivas porque isso é o que sua natureza exige. Economias competitivas surgiram porque nós decidimos dar a elas essa configuração. A competição é um exercício sublimado, voltado para a guerra. A guerra não é um caminho inevitável. Se quisermos a guerra, devemos escolher a guerra, mas se quisermos a paz, podemos igualmente escolher a paz. Se desejarmos rivalidade, podemos escolher rivalidade. Não obstante, em vez disso, podemos decidir pela cooperação amigável! (COETZEE, 1988 apud BAUMAN, 2007, p.36).

3.2 O NOVO CONSUMIDOR

A sociedade começa a pensar diferente, como já foi visto, procurando por uma solução mais prazerosa para o consumo, com custo menor, mais comodidade e praticidade. Como consequência, vê-se uma proliferação de sistemas de acesso ao mercado que vai além das formas tradicionais, motivada por uma mudança na política sociocultural do consumo, onde o mais importante para a vida em sociedade é a aproximação de "pessoas com necessidades ou interesses semelhantes que se unem para partilhar e trocar ativos menos tangíveis, tais como tempo, espaço, habilidades e dinheiro" (FREITAS; PETRINI; SILVEIRA, 2016, p. 07).

Em alguns casos, por conta da própria condição de uso, o compartilhamento acontece de forma mais rápida. Quem mora nas áreas centrais das grandes metrópoles e que possui automóvel pode optar por vendê-lo, devido às limitações de espaço para estacionamento, e quando precisarem do automóvel, utilizarão de forma compartilhada (BARDHI; ECKHARDT, 2012). Segundo pesquisa dos autores Mendes e Ceroy (2015), foram feitos estudos de mobilidade urbana na cidade de São Francisco, Califórnia e constatou-se que o compartilhamento dos automóveis colaborava com a redução dos problemas de tráfego, criando uma "opção de mobilidade aos moradores da cidade, particularmente em cidades grandes e densas como São Francisco, onde o estacionamento é restrito e o transporte público incompleto" (CEVERO *et al.*, 2014, p. 18 apud MENDES; CEROY, 2015, p. 14). Esse problema mundial, de falta de espaço para os automóveis nos grandes centros urbanos, foi o fator principal do rápido sucesso das empresas de compartilhamento de automóvel (MENDES; CEROY, 2015).

Existem diversos tipos de compartilhamento de automóveis, para usos distintos. Na empresa de compartilhamento de automóveis *Zipcar*, por exemplo, o automóvel possui um chip e é localizado pelo cliente através do *smartphone*, que o desbloqueia e assim permite o uso do automóvel pelo consumidor. O tempo de uso é calculado por hora, diferentemente da locação convencional de automóveis que é por dia, permitindo que o cliente pague um valor menor, no caso de usar por um tempo reduzido. O automóvel pode ser deixado pelo cliente no local que ele achar mais conveniente, e todo esse processo pode ser realizado sem que o consumidor entre em contato físico com a empresa e, em caso de dúvidas, o diálogo é apenas por mensagem, pelo próprio *smartphone* (MENDES; CEROY, 2015).

Importante registrar que a Economia Compartilhada está gerando mudanças na forma como as pessoas estão vivendo em áreas urbanas, com o compartilhamento de automóvel (Uber), escolha dos percursos (Wase), no turismo (Airbnb), no uso da bicicleta (Itaú Bike), na alimentação (ifood), na comunicação (WhatsApp), alterando o dia a dia das pessoas, a dinâmica das vias, o lazer, o consumo etc., fato que está demandando estudos por parte do Poder Legislativo brasileiro, a exemplo do Senado Federal, do Núcleo de Estudos e Pesquisas da Consultoria Legislativa, com o estudo técnico: *Economia compartilhada e a política nacional de mobilidade urbana: uma proposta de marco legal*, onde os autores justificam o referido estudo para "acompanhar os benefícios gerados pela *sharing economy* no setor de transporte urbano e analisar a possibilidade de incorporação da economia compartilhada à Lei de Mobilidade Urbana", e assim poder "promover a circulação de pessoas nos grandes centros [urbanos] do país".

Uma das bases para esse estudo foi o trabalho realizado pela *PricewaterhouseCoopers*[6] em que se conclui que os aplicativos de transporte individual "têm promovido uma espécie de reforma cultural", deixando de ser "imprescindível a aquisição de um automóvel próprio para se obter conforto e comodidade no transporte pelas grandes cidades", pois o transporte individual de compartilhamento pode ser de "boa qualidade, [possuir] preço moderado e de patente segurança" (MENDES; CEROY, 2015, p 14).

---

[6] É uma das maiores prestadoras de serviços profissionais do mundo nas áreas de auditoria, consultoria e outros serviços acessórios para todo tipo de empresas e no mundo inteiro.

Essas mudanças nos hábitos dos consumidores, fruto do avanço da Economia Compartilhada, está gerando alterações em várias áreas e dentre elas pode-se citar como principais as seguintes: os impactos na produção; o rebatimento da produção no meio ambiente e no consumo ético; a possibilidade de perda de privacidade no ato do consumo; o fato de ter ocorrido uma ampliação das avaliações dos fornecedores e consumidores no consumo compartilhado; e se o compartilhamento exige uma maior solidariedade e confiança entre as pessoas; questões que trata-se a seguir.

3.2.1 Os impactos na produção

Se um cidadão, ao invés de comprar uma bicicleta usá-la de forma compartilhada e se várias pessoas pensarem assim, muitas bicicletas deixarão de ser compradas e, consequentemente, deixarão de ser produzidas. Segundo Eduardo Giannetti (2016), se essas pessoas deixarem de se locomover de automóvel e passarem a usar as bicicletas não haverá impacto positivo no PIB, pois que a produção de automóveis e a venda de combustível tenderia a ser menor.

Segundo Ozanne e Ballantine (2010, p. 486, tradução nossa), "como as mercadorias são de uso conjunto ao serem compartilhadas, é provável que haja uma redução no número geral de mercadorias compradas por consumidores individuais"[7], o que poderia sugerir uma redução de produtos que, com o avanço da Economia Compartilhada, podem deixar de ser produzidos.

---

[7] As goods are jointly owned when shared, there is a likely reduction of the overall number of purchased goods by individual consumers.

Os autores defendem que "é possível que o compartilhamento seja uma estrutura de mercado alternativa, que pode ser adotada por consumidores anticonsumistas" (OZANNE; BALLANTINE, 2010, p. 487, tradução nossa)[8], sempre tendo como base a redução da produção, e não sendo mais a propriedade a expressão máxima do desejo do consumidor, mas as experiências proporcionadas pelo uso do produto ou serviço.

Se o compartilhamento vai de fato reduzir a produção, não sabemos. O fato é que o assunto exige uma visão mais ampla, senão vejamos: como o compartilhamento reduz o custo de uso de um determinado produto, poder-se-ia ampliar a quantidade de consumidores daquele bem, equilibrando a produção entre os que vão deixar de ser proprietários e vão usar o produto de forma compartilhada, e aqueles que não usavam o produto e vão passar a usar por causa do compartilhamento (OZANNE; BALLANTINE, 2010).

Considere um indivíduo com dinheiro para comprar uma bicicleta, mas que opta por usá-la de forma compartilhada. Se muitas pessoas agirem assim, tudo o mais constante, pode-se sugerir que haveria uma queda na produção de bicicletas. Por outro lado, aqueles que não dispunham de dinheiro para comprar uma bicicleta, podem, agora, pagar pelo uso de algumas horas através do compartilhamento. Nesse caso, se muitas pessoas agirem assim, haverá necessidade de mais bicicletas para atender a esta demanda. Soma-se a isso a demanda dos turistas, bem como daqueles que passam a usar esse bem apenas esporadicamente. De um modo geral, se o compartilhamento

---

[8] Sharing may be one possible alternative market structure that can be adopted by anti-consumptiom consumers.

for mais barato do que ter a propriedade do bem, isto pode gerar uma sobra de dinheiro mensal que vai permitir com que o cidadão passe a ter recursos para comprar outros bens que não podem ser compartilhados, ou até gastar no lazer.

3.2.2 O meio ambiente e o consumo ético

Se a Economia Compartilhada reduz a produção, e a alta produção é um dos fatores que prejudicam o meio ambiente, seja utilizando-se da matéria-prima e dos recursos naturais até a poluição e a geração do lixo. Alguns autores chamam atenção para esse problema, tal como Gansky (2010) quando afirma que não é mais possível a atitude das pessoas ter "fascínio por comprar coisas novas e descartá-las, [isso] não pode continuar"[9] (GANSKY, 2010, p. 121). A possibilidade de redução da produção proporcionada pela Economia Compartilhada poderá ter grande e positiva influência no meio ambiente, uma das principais bases do consumo ético.

> As atitudes em relação ao consumo se transformaram nos últimos anos e trouxeram uma preocupação crescente em relação ao impacto ecológico, social e desenvolvimentista. Há uma preocupação crescente em relação às mudanças climáticas e um anseio por inclusão social por meio do consumo local e comunitário[10] (ALBINSSON & PERERA, 2012;

---

[9] Fascination of buying new things and then discarding them, [this] cannot be sustained.

[10] Attitudes towards consumption have shifted in recent years and brought increasing concern over ecological, societal, and developmental impact. A growing concern about climate change and a yearning for social embeddedness by localness and communal consumption.

BELK, 2010; BOTSMAN & ROGERS, 2010, apud HAMARI; SJÖKLINT; UKKONEN, 2016, p. 01, tradução nossa).

Gansky (2010) cita os físicos Eric Wilhelm e Saul Griffith, que defendem o compartilhamento para a redução dos problemas ambientais do mundo e, segundo eles, o caminho é fazer menos produtos, projetados para durar mais e usá-los de maneira mais efetiva. Não é mais possível "continuarmos produzindo materiais intensivos em carbono e descartáveis em um extremo do planeta, transportá-los para o outro extremo e nos livrarmos deles, o problema da mudança climática realmente será impossível de ser resolvido"[11] (GANSKY, 2010, p. 50, tradução nossa).

Porém, a questão prática é que faltam estudos que apresentem os benefícios ou não da Economia Compartilhada na redução da produção, ficando as opiniões sobre o tema na base do sentimento, conforme declarou Juliet Schor (2017): "No entanto, a despeito dessa crença generalizada de que o setor ajuda a reduzir as emissões de carbono, quase não há estudos exaustivos sobre seu impacto. Neste ponto, eles estão muito atrasados".

A preocupação com relação à questão ambiental no momento do consumo faz parte de um pensamento mais amplo que está ligado à ética do consumo, onde uma parcela da sociedade condiciona a compra de um determinado produto ou a utilização de um serviço a questões éticas, tais como: respeito ao meio ambiente,

---

[11] If we keep making carbon-intensive and disposable stuff on one end of the planet, moving it to the other end, and throwing it away, then the climate change problem becomes truly insoluble.

ausência de trabalho escravo, respeito às minorias e diversidade na contratação da mão de obra, preferência por utilização das forças de produção locais, não agressão aos animais, produtos que proporcionem maior saúde ao consumidor, dentre outros fatores que devem estar presentes em todas as empresas que fazem parte do processo de produção, sempre com foco no pensamento coletivo em detrimento do consumo individual, base do consumo ético e também da Economia Compartilhada.

Segundo Lipovetsky (2007, p.83) "a ética constitui outro 'setor' de ponta do consumo-mundo [...] cada vez mais consumidores declaram ser sensíveis aos produtos oriundos do comércio socialmente correto". Esse movimento é maior nos ambientes mais desenvolvidos, mas tende a se ampliar de forma rápida: "segundo o Instituto Mori, apenas um quarto dos consumidores se diz indiferente a esses critérios. Dezoito por cento dos britânicos e 14% dos holandeses já boicotaram produtos em função de critérios 'cidadãos'" (LIPOVETSKY, 2006, p. 83) e uma forma que as empresas estão encontrando para atender ao novo mercado consumidor é procurar se creditar de "selos" com credibilidade internacional que atestam a qualidade ambiental e ética dos seus produtos e serviços.

O professor Arnaldo Fernandes Matos Coelho (2015) e outros professores, elaboraram uma pesquisa pelo suporte digital *Google Drive* com 308 pessoas residentes no Brasil e todas com mais de 18 anos, para "analisar os principais determinantes do comportamento do consumidor no contexto brasileiro, face ao consumo ético". Os autores analisaram as variáveis que remeteram ao "individualismo, egoísmo e orientação comunitária", "sensibilidade ao preço" e "satisfação com a vida e na compra compulsiva". Concluiu-se que o cliente mais propenso a ter um consumo ético é aquele "com alto nível escolar, [alta] renda familiar, [e o que está] ocupado", ou seja, com renda garantida. Na referida pesquisa também se concluiu que existe uma "correlação negativa entre o individualismo, o egoísmo e o consumo ético, bem como uma correlação positiva entre o consumo ético e a orientação comunitária". Os resultados ainda indicaram que "parece existir" uma relação "negativa" do consumo ético com a "sensibilidade ao preço, satisfação de vida e compra compulsiva" (COELHO, 2015).

Se, como vimos na pesquisa citada anteriormente, o consumo ético tem uma correlação positiva com a "orientação comunitária", e negativa com o "individualismo" e o "egoísmo", podemos sugerir que quem tem maior probabilidade de ter um consumo ético, também tem uma maior propensão ao compartilhamento, visto que o consumo compartilhado exige, na maioria das vezes, a aproximação entre as pessoas, como veremos a seguir.

3.2.3 O compartilhamento e a privacidade

A Economia Compartilhada usa a tecnologia para aproximar as pessoas. Para acontecer as experiências de consumo compartilhado, as pessoas, em muitos casos, têm que se relacionar: ao invés de ser proprietário de um automóvel, o cidadão utiliza o serviço de compartilhamento de automóveis e faz o percurso com outra pessoa; as redes sociais *Facebook*, *Instagram*, *Twitter* nos fazem saber o que os outros pensam e o que fazem, permitindo encontros e troca de informações; nas viagens, a opção de compartilhar habitação gera muito mais aproximação do que a hospedagem em um hotel; e assim várias outras formas de compartilhamento estão aproximando as pessoas.

A aproximação no compartilhamento é um fato. Porém, vale o registro que esses encontros podem ser rápidos e superficiais, não gerando amizades duradouras, conforme destaca Juliet Schor (2017): "Os usuários ficaram 'desencantados', pois os relacionamentos que formam agora são mais casuais e menos duráveis". A autora refere-se aos sites específicos de conexão social, a exemplo do *Couchsurfing*, uma rede social que possui mais de 4 milhões de pessoas, que aproxima o turista a uma pessoa disposta a ceder um espaço em sua casa para hospedagem sem custo.

O compartilhamento está mudando hábitos, fazendo com que as pessoas se relacionem no ato do consumo do produto ou serviço. Outra alteração substancial com relação ao consumo tradicional é que após o encontro, em muitos casos, tanto o consumidor quanto o prestador do serviço ou o dono do produto têm a opção de avaliar o outro. Tal aferição ficará disponível para todo o público interessado, como veremos a seguir.

3.2.4 A avaliação no ato de compartilhar

Na Economia Compartilhada é prática comum nos sistemas de informática dos aplicativos a possibilidade de avaliação de ambos os lados: do consumidor e de quem disponibiliza o produto ou serviço. Essa avaliação das partes tem como principais funções: valorizar os bons consumidores e fornecedores; aumentar a segurança da relação comercial; e possibilitar a melhora da qualidade dos produtos e serviços prestados.

Com base na avaliação das pessoas é possível que o consumidor tenha acesso a vantagens oferecidas pelo fornecedor ou até ser eliminado da comunidade, caso sua pontuação seja considerada muito baixa. Sem dúvida, é uma nova forma de consumir, onde o comportamento de todos os envolvidos no compartilhamento do produto ou serviço será aferido e ficará em plataforma visível para os atores seguintes tomarem conhecimento.

Essa diferença na forma de consumir é muito significativa. Na compra convencional, normalmente, o pagamento tem um peso maior, se não o único. Já na Economia Compartilhada, onde o consumidor também está sujeito à avaliação, um determinado fornecedor pode recusar uma negociação por causa da baixa avaliação do cliente, mesmo se o consumidor estiver disposto a fazer o pagamento integral do produto ou serviço.

Suponha que uma pessoa disponibilize, em uma empresa de compartilhamento de hospedagem, um quarto em sua própria casa. Se o cidadão interessado em utilizar o quarto tiver baixa avaliação, além de muitas críticas dos fornecedores anteriores nos espaços destinados à comunidade para a comunicação, certamente isso pode fazer com que a fornecedora recuse o hóspede, mesmo ele querendo pagar o valor em dinheiro sem nenhuma solicitação de desconto. A rede hoteleira convencional não dispõe dessas informações e o critério do dinheiro termina tendo um peso maior e, em muitos casos, o único critério para o fechamento ou não do negócio.

Portanto, na Economia Compartilhada, a avaliação a que as pessoas são submetidas pode vir a gerar uma mudança na forma de se relacionar com o outro no ato do consumo, simplesmente para tentar melhorar a sua própria pontuação, fato que geraria mais confiança na sociedade, e que poderia até ser revertido em resultado financeiro.

3.2.5 A solidariedade e a confiança

Por conta de o compartilhamento gerar maior interação entre as pessoas, inclusive com a avaliação, como vimos anteriormente, acredita-se que em uma sociedade onde exista solidariedade entre todos e, consequentemente, as pessoas possuam mais confiança nas outras a Economia Compartilhada terá maior probabilidade de crescimento.

Nesse sentido, Botsman e Rogers (2011) defendem que a confiança nas relações sociais, organizações e instituições tende a influenciar significativamente o consumo compartilhado (MAURER *et al*., 2015) e a maioria dos estudiosos, assim como os cidadãos comuns, acreditam que a confiança é um importante lubrificante das relações sociais (KIYONARI; YAMAGISHI; COOK; CHESHIRE, 2006).

O estudo de Lopes (2015) intitulado *"Democracia, confiança e crescimento econômico"*, mostra, através dos dados da *World Values Survey* (WVS), que apenas 7% dos brasileiros disseram que "a maioria das pessoas é de confiança". A título de comparação, segundo o autor, a Noruega tem o maior grau de confiança entre as pessoas, com 74%; Austrália tem 51%; Alemanha 45%; Estados Unidos 35%; Nigéria 15%; e Zâmbia 11% (LOPES, 2015).

Analisando os dados anteriores temos o retrato do atraso da sociedade brasileira no que diz respeito à confiança entre as pessoas. Sobre esse importante assunto, Bauman (2007) defende que a base da mudança está nas pessoas deixarem de ter comportamentos egoístas e passarem a ter comportamentos coletivos, a exemplo do ato de compartilhar.

> A difícil situação descrita é consequência última de termos colocado competição e rivalidade – o modo de ser derivado da crença no enriquecimento ganancioso de poucos como via régia para o bem-estar de todos – no lugar do desejo humano, muito humano, de coabitação assentada em cooperação amigável, mutualidade, compartilhamento, confiança, reconhecimento e respeito recíproco (BAUMAN, 2007, p.94).

Se no presente os brasileiros estão entre os piores do mundo no que diz respeito à confiança entre as pessoas, a geração que chega promete melhoras neste cenário. A empresa de pesquisa "Box 1824" realizou estudo, no ano de 2013, com mais de 1.500 jovens brasileiros de 18 a 24 anos, de todas as classes sociais, e 78% dos jovens responderam que têm interesse de usar parte do seu tempo para colaborar com a sociedade (BOX 1824, 2013).

3.3 FORMAS DE COMPARTILHAMENTO

Como já vimos em exemplos anteriores, existem várias relações de compartilhamento. Analisa-se a seguir quatro formas que devem ser consideradas a partir da existência de uma empresa ou o compartilhamento somente entre pessoas, e se há ou não o pagamento em dinheiro na transação (BELK, 2010). Dessa forma temos as seguintes divisões desses tipos de compartilhamento:

- De pessoa para pessoa sem dinheiro
- De empresa para pessoa sem dinheiro
- De pessoa para pessoa com dinheiro
- De empresa para pessoa com dinheiro

Em alguns compartilhamentos "de pessoa para pessoa com dinheiro" ou "de empresa para pessoa com dinheiro", além da forma tradicional de pagamento com a moeda legal do país, pode acontecer do pagamento pelo compartilhamento do produto ou serviço ser realizado utilizando-se uma moeda específica, criada pelo próprio aplicativo, para essa finalidade. Nesse caso, há um processo de se creditar na venda alguma unidade de conta cujo crédito será utilizado para o consumo posterior. Note que as pessoas fazem várias operações sem utilizar a moeda oficial do Estado.

Sobre essa questão, Felix Martin (2016) defende a teoria que o dinheiro não é "uma coisa" e sim uma "tecnologia social – um conjunto de ideias e práticas para organizar a sociedade" e que o valor da moeda de um país está vinculado não a uma medida física, mas a conceitos da sociedade que emitiu e utiliza o próprio dinheiro para troca dos produtos. Martin também acredita que, "embora em geral o dinheiro seja emitido por governos, nem sempre tem que ser assim". Sob sua ótica existem moedas que servem como meio para troca de produtos e serviços, utilizadas sem que tenha sido distribuída e controlada pelo governo. Assim, o dinheiro tem a função de "organizar a sociedade da maneira justa e mais próspera". Esse é o caso dessas moedas que são criadas dentro de aplicativos de compartilhamentos; elas são moedas próprias para regular aquele grupo específico de pessoas (MARTIN, 2016).

A seguir serão apresentados alguns exemplos de empresas que ilustram as quatro opções de compartilhamento antes citadas.

3.3.1 De pessoa para pessoa sem dinheiro

O compartilhamento sem o dinheiro acontece quando existe uma vontade maior das pessoas em servir à sociedade, em alguma causa onde, por exemplo, o negócio pode gerar algum benefício para o meio ambiente, reduzir as desigualdades sociais, difundir a cultura e o conhecimento.

Segundo Hamari, Sjoklint e Ukkonen (2016) a intenção de fazer o bem à outra pessoa também é um dos motivos que leva as pessoas a praticar a Economia Compartilhada e, nesse caminho sem o dinheiro, vários projetos estão sendo implementados no mundo com a dedicação do tempo de trabalho e recursos de muitas pessoas e empresas.

No caso de compartilhamento "de pessoa para pessoa sem dinheiro", temos o exemplo da brasileira Lorrana Scarpioni que idealizou em 2012 o aplicativo *Bliive*, onde as pessoas trocam experiências e habilidades sem a necessidade de pagamento: um professor de violão dá aula sem cobrar para uma médica e a médica atende a uma terceira pessoa que está doente; o pedreiro realiza um serviço na casa do dono da padaria que, por sua vez, ensina as suas receitas para todos os vizinhos que se interessarem. Dessa forma, as pessoas vão tendo experiências em uma forma de consumo saudável, sem a necessidade do pagamento em dinheiro.

Vale registrar que não é a troca direta, o escambo, onde uma pessoa serve a outra que o serviu. No *Bliive* todos registram o que fizeram e se creditam na moeda *TimeMoney*, podendo consumir o seu crédito com uma terceira pessoa. Logo, as horas trabalhadas da médica e do pedreiro têm o mesmo valor.

Esses movimentos que estão acontecendo na Economia Compartilhada são chamados por Botsman e Rogers (2011) de "reciprocidade indireta", onde pessoas colaboram com as outras sem estar preocupadas ou condicionando essa ajuda ao retorno da própria pessoa que ela ajudou (SCHOR, 2014). A única coisa que se sabe é que se um dia precisar de algo poderá contar com membros de toda a comunidade em que está inserido (FURTADO, 2016).

Não é o socialismo, é a Economia Compartilhada, mas vale uma leitura no que pensava Karl Marx e Friedrich Engels sobre a hora de trabalho das pessoas terem valores semelhantes:

> Portanto, não podemos dizer que a hora de um homem vale a hora de outro homem, mas sim que um homem durante uma hora vale tanto quanto outro homem durante uma hora. Tempo é tudo, o homem é nada; ele é, na melhor das hipóteses, carcaça do tempo. A qualidade não mais importa. A quantidade sozinha decide tudo; hora por hora, dia por dia (MARX, 2008, p. 127 *apud* MÉSZÁROS, 2011, p.615).

Em 2013, a empresária Lorrana foi nomeada "*Global Shaper*" pelo Fórum Econômico Mundial e, em 2014, o *Bliive* foi selecionado para receber incentivo financeiro do governo do Reino Unido no *Sirius Programme*. Isso fez com que a empresa mudasse seu endereço de Curitiba/PR para Glasgow, no Reino Unido. Além disso, o *Bliive* recebeu diversos prêmios nacionais e internacionais: *Hub Fellowship*, prêmio de sustentabilidade suíço; o *Intel Challenge* Brasil, patrocinado pela Intel, *Cisco* e *Deutsche Telekom*; e o *Creative Business Cup*, oferecido pelo *Center for Cultural and Experience Economy*, com sede na Dinamarca (VILLANOVA, 2015).

O *Bliive* já possui mais de 90 mil usuários cadastrados, está em 55 países e "foram registradas 21 mil horas de atividade e já foram feitas cerca de 4.000 trocas" (MIT, 2014, p. 02).

Nesse caso temos também outras empresas que intermediam o compartilhamento "de pessoa para pessoa sem dinheiro", como, por exemplo, a *eBay*, *Craiglist*, Tem Açúcar, dentre outras.

3.3.2 De empresa para pessoa sem dinheiro

Se na opção anterior tinham-se pessoas compartilhando, normalmente para atender a alguma causa social, procedimento que sempre existiu em nossa sociedade, neste caso específico temos um fato novo dentro do sistema capitalista: empresas prestando serviços e entregando produtos sem a cobrança em dinheiro do respectivo cliente.

E se imaginávamos que essas empresas teriam baixo valor de mercado, muito pelo contrário, nessa modalidade encontramos empresas que estão entre as maiores do mundo, alterando sobremaneira a nossa forma de se relacionar em sociedade, tais como: *WhatsApp, Facebook, Twitter, Alibaba, Google, Wase* e *Wikipédia*. Em todos esses casos, está-se, em última instância, trocando informações.

A *Wikipédia*, por exemplo, segundo Murilo Corrêa no artigo: *Wikipédia: Principais Conceitos e Tecnologias Associadas*, é um "novo modelo de enciclopédia", "que apresenta a informação sendo compartilhada de forma colaborativa, organizada e em tempo real através da internet", "de livre acesso a todos". A *Wikipédia* "é uma rede de páginas web contendo as mais diversas informações, que podem ser modificadas e ampliadas por qualquer pessoa", ou seja, um espaço aberto para todos compartilharem informações.

Nessa modalidade "de empresa para pessoa sem dinheiro", temos, no Brasil, o exemplo do instituto que presta um serviço relevante para o meio ambiente: o Imazon (Instituto de Homem e Meio Ambiente da Amazônia). O Imazon monitora, por meio do ImazonGeo, "as ameaças" que acontecem em tempo real, como o "desmatamento" e, consequentemente, a "degradação ambiental da Amazônia", divulgando informações atualizadas "sobre a situação, a dinâmica e a pressão sobre as florestas e Áreas Protegidas da Amazônia brasileira" (COSTA, 2018, p. 2).

Nesse universo de empresas e organizações com interesse multinacional pode-se dizer que todos os dias as pessoas se utilizam dos seus serviços sem que seja necessário pagar nenhum valor, uma forma nova de viver no ambiente da Economia Compartilhada do século XXI.

3.3.3 De pessoa para pessoa com dinheiro

Passando a analisar os cenários com o dinheiro, essa forma de compartilhamento, de pessoa para pessoa com dinheiro, acontece quando de um lado está a pessoa que tem interesse no uso de forma compartilhada de um determinado produto ou serviço de terceiros, e do outro se tem uma proprietária ou fornecedora do produto ou serviço que deseja compartilhar. Nesse caso, intermediando as duas, está uma empresa que atua somente na atividade "meio", facilitando o compartilhamento entre elas.

Nessa modalidade é possível citar duas grandes empresas multinacionais, a *Uber* e o *Airbnb*. A *Uber* é uma empresa de transporte individual que não é proprietária de um único automóvel utilizado nesse serviço, e o *Airbnb* é a maior rede mundial de quartos disponíveis para locação sem ser proprietária de nenhum imóvel para essa finalidade.

Os sistemas de informação dessas empresas unem as pessoas que querem compartilhar os produtos ou serviços, fazendo a gestão dessa negociação entre as partes. Elas são remuneradas com um percentual do dinheiro da transação comercial entre as pessoas.

Muitas são as empresas que trabalham no compartilhamento "de pessoa para pessoa com dinheiro", a exemplo da *Amazon*, Mercado Livre, Enjoei, *OLX*, quando alguém vende um produto usado para outro, as empresas servem como intermediárias. Existem também aquelas que intermediam a compra ou aluguel de imóveis, a exemplo da Zap Imóveis, ImóvelWeb, VivaReal Imóveis, dentre outras.

3.3.4 De empresa para pessoa com dinheiro

No cenário anterior tínhamos duas pessoas compartilhando – uma fornecendo e a outra usando determinado produto. Agora quem fornece o serviço é uma empresa proprietária do produto a ser compartilhado.

A *Uber* não é proprietária de nenhum automóvel, então não se enquadra nessa categoria. Veja o caso da *Yellow Bike*, uma empresa de compartilhamento de bicicletas e patinetes, que é a proprietária destes bens. As bicicletas e os patinetes ficam espalhados pela cidade e são localizados pelos consumidores através dos seus *smartphones* pois possuem um *chip* conectado à internet, onde o consumidor pode desbloqueá-lo para o uso e fazer o pagamento do tempo utilizado no compartilhamento. Esse mesmo tipo de compartilhamento também existe para automóveis de propriedade de empresas, a exemplo da *Zipcar*, como já citada anteriormente, que podem ser compartilhados por intervalo de apenas uma hora de aluguel. A *Netflix* também compartilha filmes que ela mesma produz. A *Booking.com* e Hoteis.com fazem a intermediação entre os proprietários de hotéis e os hóspedes, dentre outras empresas de compartilhamento que está na modalidade "de empresa para pessoa com dinheiro".

3.4 OS MOVIMENTOS DO COMPARTILHAMENTO

A Economia Compartilhada estimula o surgimento de diversos movimentos em comunidades, onde a intenção das pessoas é o benefício social, seja colaborando com uma pequena comunidade local, até gerando ganhos em escala mundial. Dentre os muitos movimentos sociais de compartilhamento criados por pessoas ou empresas, como exemplo podemos citar o de livros e brinquedos, chamado de "biblioteca de brinquedos". Nesses locais, as crianças têm acesso a livros e brinquedos que são compartilhados entre todos e, desta forma, além dos benefícios do lazer e conhecimento, existe a redução do custo para os responsáveis, já que as crianças utilizam um brinquedo ou livro por um intervalo de tempo muito pequeno (OZANNE; BALLANTINE, 2010).

> Há diversas motivações possíveis que podem inspirar os pais a frequentarem brinquedotecas: a pouparem dinheiro, a darem mais oportunidades para os seus filhos brincarem, a ajudarem no desenvolvimento e no nível máximo de habilidades dos seus filhos, a reduzirem o número de brinquedos novos comprados pela família[12] (OZANNE; OZANNE, 2009 apud OZANNE; BALLANTINE, 2010, p. 486, tradução nossa).

Além disso, pode-se dizer que levar as crianças para a "biblioteca de brinquedos" serve também para os filhos serem educados em uma forma mais sociável de convivência. Como já dito no início deste

---

[12] There are a variety of possible motivations that may inspire parents to frequent toy libraries: from saving money, to enhancing play opportunities for their children, to helping children develop and master skills, to reducing the family's purchase of new toys.

trabalho, a ideia de compartilhamento remonta de muitos anos. Segundo Moore (1995), o movimento da brinquedoteca começou em 1935, quando a primeira biblioteca de brinquedo abriu suas portas em Los Angeles e o movimento se expandiu pelo mundo. Ele afirma que temos mais de 4.500 bibliotecas de brinquedos, distribuídas por 31 países, a maioria delas sendo mantidas por voluntários da própria comunidade em que está inserida. Na Nova Zelândia, segundo país a possuir mais bibliotecas de brinquedos, existem aproximadamente 220 unidades, atendendo a mais de 23 mil crianças (MOORE, 1995).

Na cidade do Salvador/BA, em 2015, foi iniciado um projeto de sucesso de compartilhamento de livros: a Livres Livros. São "minibibliotecas livres instaladas em espaços públicos" (LIVRES LIVROS, 2019, p. 2) onda as pessoas podem pegar um determinado livro, sem nenhum custo, levar para ler onde convier, e devolver após a leitura para uma das minibibliotecas, que são casinhas de madeiras que ficam em praças, ruas, sempre em espaços públicos. A Livres Livros já possui 53 minibibliotecas instaladas, 50 mil livros já foram distribuídos gratuitamente e cerca de 450 mil pessoas já foram impactadas. Esse é mais um exemplo de compartilhamento "de pessoa para pessoa sem dinheiro".

Outro exemplo de compartilhamento de livros é o da multinacional *Amazon*, que atinge um universo muito maior de produtos e uma população em escala global. Ela é a empresa de maior valor de mercado do mundo, aproximadamente um trilhão de dólares, com influência mundial na propagação de conhecimento. Impossível listar as diversas empresas de Economia Compartilhada que estão distribuídas pelo mundo, todas inovando, criando tendências, com uma distribuição mais equilibrada dos produtos e serviços disponíveis para a sociedade. Elas podem estar colaborando com o meio ambiente, e muitas não têm como prioridade a propriedade do bem e sim o seu uso compartilhado. Sem dúvida esse é um movimento recente, que já possui dimensão global e tende a aumentar ainda mais e se consolidar.

3.5 HUMANIZANDO O CAPITALISMO

Como já tivemos a oportunidade de ver em vários exemplos reais descritos anteriormente, a Economia Compartilhada, praticada dentro do sistema capitalista, proporciona uma sociedade mais solidária e justa, onde as pessoas compartilham os seus produtos e serviços e ampliam a possibilidade do outro de acessar os produtos e serviços, que antes não teriam recursos para acessá-los; que outros dão menor importância à propriedade do produto, defendendo que apenas o seu uso compartilhado é o suficiente para a experiência; que pode gerar a redução da produção; que reduz o endividamento das pessoas e da sociedade de uma forma geral e, portanto, faz com que o mercado financeiro tenha uma menor importância no cenário econômico; que também reduzirá a importância das moedas oficiais, seja com a criação de moedas próprias ou com o compartilhamento sem o uso do dinheiro; e que permitirá o acesso ao conhecimento e a informação com custo mais baixo, e em alguns casos de forma gratuita, ampliando assim a possibilidade da mobilidade social; ou seja, vários comportamentos sociais e econômicos que estão acontecendo neste início do século XXI por conta da Economia Compartilhada, que vão de encontro ao modelo tradicional capitalista do século XX, que era baseado na propriedade, no aumento da produção, na maior importância do capital e no conhecimento restrito a poucos.

Se o socialismo tem como alguns dos ideais a divisão mais equilibrada dos bens de consumo entre todos da sociedade; uma menor importância da propriedade privada; um menor peso do capital; e o acesso mais democrático ao conhecimento, então, podemos dizer que o debate de ideias entre os capitalistas e os socialistas ganha um fato novo: a Economia Compartilhada.

As mudanças em curso são profundas e exigem da Academia mais estudos sobre o que a Economia Compartilhada pode vir a influenciar no capitalismo. Jeremy Rifkin (2015), por exemplo, acredita que a força da internet das coisas e a economia compartilhada pode levar ao "eclipse do capitalismo" (ABRAMOVAY, 2014).

Dentre as pessoas que estão questionando práticas tradicionais do sistema capitalista atual está o jovem empresário, e de grande sucesso, Mark Zuckerberg, idealizador da maior rede social do mundo, o *Facebook*, empresa de Economia Compartilhada, que defende a mesma ideia, já citada aqui, do economista Eduardo Giannetti, de que a utilização do PIB como parâmetro de desenvolvimento não atende mais à sociedade do século XXI. Mais ainda, Zuckerberg defende também a distribuição de recursos para pessoas, sem que para isso tenham a necessidade de produzir: a renda básica universal.

> Toda geração expande suas definições de igualdade. Agora é a hora da nossa geração definir um novo contrato social. Nós devemos ter uma sociedade que mede o progresso não por métricas econômicas como o PIB, mas por quanto de nós desempenhamos um papel realmente significativo. Deveríamos explorar ideias como renda básica universal para dar a todos o mínimo para tentarmos coisas novas (ZUCKERBERG, 2017 *apud* RONCOLATO, 2018, p. 04).

E assim podemos perceber que a Economia Compartilhada, implementada dentro do capitalismo, tem características que humanizam o próprio capitalismo, com práticas mais solidárias entre as pessoas, comportamentos mais plurais, menos individualistas, conforme explicitado por Brynjolfsson e McAffee (2014, p.64): "o chocante, na internet moderna é o quanto as pessoas estão dispostas a dedicar seu tempo a produzir conteúdo on-line sem buscar remuneração como contrapartida" (ABRAMOVAY, 2014, p. 64).

Dessa forma, amplia-se a distribuição dos produtos para os de menor renda, permitindo que pessoas que não poderiam dispor de um determinado produto ou serviço, pelo seu custo e valor de mercado inacessível, passem a usá-lo de forma compartilhada.

E, para reflexão sobre a necessidade de humanização do capitalismo, convém refletir sobre o questionamento de Janelle Orsi, professora e socióloga estadunidense: "Como vamos aproveitar a Economia Compartilhada para espalhar a riqueza?" (SCHOR, 2017).

3.6 AMPLIANDO AS POSSIBILIDADES DE ESTUDOS

Para a Economia Compartilhada gerar desenvolvimento econômico e social no nosso país, é condição fundamental um maior estudo sobre o tema na Academia brasileira.

Por isso, apresenta-se a seguir questões nas mais diversas áreas, registrando que são apenas exemplos, e representam uma mínima parte das possibilidades de estudos sobre o tema Economia Compartilhada.

- **Na sociologia e filosofia:**

    O compartilhamento aproxima as pessoas. Quais impactos o avanço da Economia Compartilhada gerará nas relações pessoais?

    Compartilhar exige visibilidade e transparência. As pessoas estão dispostas à redução da privacidade para viver em um mundo de Economia Compartilhada?

    Com a redução da privacidade no mundo compartilhado as pessoas terão que ser mais verdadeiras e confiáveis?

    Na Economia Compartilhada muitos serviços possuem pontuação para aferir a qualidade de quem utiliza e de quem presta o serviço. Saber que está sendo constantemente avaliado gerará algum impacto na pessoa?

    O tempo que as pessoas levam compartilhando informações nas redes sociais é positivo ou negativo?

- **Na economia, administração e negócios:**

    Na Economia Compartilhada haverá redução da produção?

    Havendo realocação da produção, quais os setores atingidos?

    Caso se confirme a redução ou realocação da produção de um determinado produto, qual o impacto disso no seu setor?

    Caso a Economia Compartilhada gere impactos negativos no PIB, isso nos levará a criar outros indicadores para aferir a eficiência da política econômica de uma região?

Compartilhando produtos e serviços, o cidadão poderá gastar menos para realizar as mesmas experiências. Isso fará com que ele: acumule recursos; realize mais experiências; ou opte por trabalhar menos?

As empresas da Economia Compartilhada se desenvolvem mais e melhor em um ambiente de alto conhecimento tecnológico, normalmente encontrado nas regiões mais desenvolvidas. Esse fato ampliará ainda mais as desigualdades econômicas e sociais?

Investir em um mercado novo sempre requer mais cuidados. Quais os fatores positivos e negativos para o investidor considerar na hipótese de investir em empresas da Economia Compartilhada?

A Economia Compartilhada possui empresas nas bolsas de valores. Qual o impacto da Economia Compartilhada no mercado mundial de ações?

Na Economia Compartilhada as pessoas passam a utilizar somente parte do produto e, consequentemente, desembolsam também somente parte do custo. Essa redução do custo fará com que várias pessoas utilizem produtos antes não possíveis de serem consumidos por elas?

Várias formas de compartilhamento são feitas sem o dinheiro. Qual o efeito disso na economia?

Será que a Economia Compartilhada veio para atender aos cidadãos que vivem no capitalismo mas defendem práticas mais humanistas?

- **No setor financeiro:**

    Se na Economia Compartilhada houver menor necessidade de compra de produtos, isso reduzirá o volume de recursos a ser emprestado pelo sistema financeiro?

    Vários aplicativos da Economia Compartilhada criam moedas próprias. Qual o impacto disso no sistema financeiro tradicional?

    Caso as moedas próprias dos aplicativos da Economia Compartilhada prejudiquem o sistema financeiro tradicional, qual será a reação dos bancos para não perder mercado?

- **Nas políticas públicas:**

    Caso haja redução da produção por conta do consumo compartilhado, a arrecadação do Estado, via impostos, também será reduzida. Essa redução da arrecadação comprometerá a prestação dos serviços públicos para a população?

    Como será a tributação das transações que acontecem nos aplicativos da Economia Compartilhada com as suas moedas específicas?

    O compartilhamento de produtos e serviços nos aplicativos da Economia Compartilhada, sem o pagamento com dinheiro, será passível de tributação pelo Estado?

    A maioria das empresas de compartilhamento possui sede nos países desenvolvidos. Como os países subdesenvolvidos e em desenvolvimento vão se proteger comercialmente?

- **No estudo do emprego e renda:**

    Se houver redução ou realocação da produção por conta da Economia Compartilhada, qual será o impacto no emprego?

    Quando empresas da Economia Compartilhada ocupam comercialmente regiões, elas geram desemprego ou abrem novos postos de trabalho?

    Os empregos gerados na Economia Compartilhada são, na sua maioria, formais ou informais?

    A Economia Compartilhada vai alterar a forma de pensar do trabalhador no que diz respeito ao controle do Estado na sua atividade profissional?

    A previdência pública sofrerá impacto financeiro caso vários trabalhadores saiam do emprego formal e migrem para o trabalho, muitas vezes informal, na Economia Compartilhada?

    Se o compartilhamento contribuir para que o cidadão tenha menos pressão de consumo e consequentemente menos estresse, será que a produtividade do trabalhador vai aumentar?

    A Economia Compartilhada desestrutura profissões existentes e cria novas, quais são elas?

- **Na área jurídica:**

    A Economia Compartilhada altera sobremaneira as relações entre as pessoas, as empresas e o Estado. Quais leis sofrerão impacto?

Haverá algum tipo de regulação para moedas virtuais que funcionam como troca nos aplicativos da Economia Compartilhada?

Na Economia Compartilhada as relações entre as empresas e pessoas são menos burocráticas. Como passaria a pensar o cidadão com relação à simplificação do arcabouço jurídico na medida em que ele conviverá com uma maior desregulamentação da Economia Compartilhada?

- **No meio ambiente:**

A Economia Compartilhada colabora com a economia circular?

Se a redução da produção industrial efetivamente ocorrer devido ao compartilhamento de produtos, quais impactos terão no meio ambiente?

Confirmando que será reduzida a produção na Economia Compartilhada, que impacto terá na redução do lixo?

Com a ampliação do uso do transporte compartilhado, será que o consumo de combustível sofrerá redução de volume, e que impacto isso terá no meio ambiente?

- **No setor de saúde:**

Se a Economia Compartilhada melhorar a qualidade de vida das pessoas, que efeito isso terá na saúde da população?

Se a Economia Compartilhada colabora com o meio ambiente, qual o impacto disso na saúde das pessoas?

As empresas que compartilham consultas médicas, dados de saúde das pessoas, alimentação saudável e mais próxima do mercado consumidor, bicicletas para serem usadas de forma mais simples, conhecimentos médicos etc., colaboram com a saúde da população?

- **Na arquitetura, no urbanismo e na construção civil:**

Considerando a ampliação do transporte compartilhado, que impacto terá nas vias das cidades, nos estacionamentos públicos e nas vagas das garagens das edificações?

Os Planos Diretores e as Leis de Uso e Ordenamento do Solo das cidades vão necessitar de mudanças para se adaptar à Economia Compartilhada?

Na maioria das cidades, há uma concentração do setor hoteleiro em regiões específicas. Com o compartilhamento de hospedagem distribuído espacialmente, esses recursos provenientes dos turistas tendem a irrigar um território maior. Qual o efeito disso nas questões urbanísticas?

Alguns imóveis possuem melhores características para o compartilhamento. Quais são essas características e como isso alterará o mercado imobiliário?

- **No setor de turismo:**

O compartilhamento de hospedagem causará quais impactos na rede hoteleira?

O compartilhamento reduziu o custo da hospedagem e do transporte, entre outros. Com a redução do custo da viagem, terá mais pessoas fazendo turismo?

As redes sociais compartilham diversas informações turísticas. Esse fato alterou a oferta de empregos no setor turístico?

Se na Economia Compartilhada o cidadão puder trabalhar menos horas para suprir todas as suas necessidades de consumo, o setor de turismo será beneficiado?

- **No setor educacional:**

O compartilhamento das informações pela população será benéfico ou maléfico para o nível de esclarecimento da sociedade?

O compartilhamento de livros e e-books terá que efeito na ampliação do hábito da leitura na população?

Com a Economia Compartilhada surge uma demanda grande de trabalho para profissionais da área de Tecnologia da Informação. O setor educacional, tanto público como privado, está criando, ampliando ou fortalecendo as oportunidades de cursos nessa área?

Com as mudanças nas profissões por conta da Economia Compartilhada, algumas sendo eliminadas e surgindo outras, as instituições de ensino públicas e privadas estão se adaptando ao novo cenário?

- **Na tecnologia:**

    A Economia Compartilhada depende diretamente da tecnologia. Com o avanço do compartilhamento as empresas investirão ainda mais em tecnologia?

    Caso os investimentos em tecnologia sejam ampliados por causa do avanço da Economia Compartilhada, quais áreas da tecnologia serão as mais beneficiadas?

    A Economia Compartilhada só é viável por conta da invenção dos *smartphones* conectados à internet. Qual o futuro desses aparelhos no que diz respeito aos recursos tecnológicos?

    A pressão das empresas de compartilhamento para ampliação do mercado fará com que a cobertura de internet tenha um crescimento ainda mais expressivo?

4
PESQUISA SOBRE ECONOMIA COMPARTILHADA NO BRASIL

A Economia Compartilhada, conforme já exposto, teve início no final do século XX, com maior desenvolvimento após a crise financeira internacional de 2007-2008. No Brasil, as primeiras empresas chegaram ainda depois como, por exemplo, a empresa de compartilhamento de automóvel *Uber*, que iniciou as suas operações no Rio de Janeiro em maio de 2014.

Por ser um movimento recente, os estudos na Academia e também na atividade empresarial são reduzidos em relação a outros setores da economia que possuem mais anos de atuação. Por essa questão, e para estudar na prática o tema no Brasil, realizou-se uma Pesquisa sobre Economia Compartilhada em todo o território nacional.

Com a realização desta Pesquisa permite-se responder o objetivo principal: Qual o perfil do consumidor com maior probabilidade de participar da Economia Compartilhada no Brasil? E também os objetivos específicos: dimensionar o mercado brasileiro para o compartilhamento de automóvel e habitação; e identificar os desafios e as restrições para o crescimento da Economia Compartilhada no Brasil.

Neste capítulo, o desenvolvimento e os resultados da Pesquisa serão apresentados subdivididos nesses itens: questionário; metodologia, debate entre os entrevistados; perfil dos entrevistados; os resultados da Pesquisa; e o perfil do consumidor.

A Pesquisa sobre Economia Compartilhada teve os 2.357 questionários aplicados pelo *Facebook*, mantendo-se a proporção dos entrevistados no que diz respeito ao sexo e à população de cada um dos 26 estados e o Distrito Federal, tendo como base os dados fornecidos pelo Instituto Brasileiro de Geografia e Estatística (IBGE).

Devido à dimensão e diversidade do assunto Economia Compartilhada, e com a necessidade de limitar o questionário a uma quantidade de perguntas que viabilizasse uma resposta em um tempo de aproximadamente 2 minutos, a pesquisa limitou-se a dois tipos de compartilhamento: automóvel e habitação. Esses temas foram escolhidos por serem de fácil entendimento da população em geral.

Importante registrar que, provavelmente, até o momento, esta é a única pesquisa sobre Economia Compartilhada de abrangência nacional disponível ao público.

4.1 QUESTIONÁRIO

Para a realização da Pesquisa sobre Economia Compartilhada foi feito um questionário no site *SurveyMonkey*, que depois foi divulgado pelo *Facebook* para acessar os entrevistados.

O questionário da Pesquisa teve 16 perguntas fechadas para serem respondidas individualmente, sendo subdividido em três grupos de perguntas, são eles: perfil dos entrevistados; perguntas sobre compartilhamento; e questões sobre valores.

No primeiro grupo têm-se seis perguntas sobre o perfil dos entrevistados, tratando das seguintes questões: sexo (pergunta 1), nível de escolaridade (pergunta 2), idade (pergunta 3), estado civil (pergunta 4), renda familiar mensal (pergunta 5), e estado em que o entrevistado mora (pergunta 6).

O segundo grupo de perguntas tem como tema o objeto principal, ou seja, são as perguntas sobre a intenção ou não das pessoas compartilharem automóvel e habitação. As perguntas 7 e 8 foram sobre o compartilhamento de automóvel: na pergunta 7 sobre a possibilidade de o entrevistado usar o automóvel de terceiros; e na pergunta 8 o entrevistado é questionado sobre se disponibilizaria o próprio automóvel para o compartilhamento. Nas perguntas 9, 10 e 11 o tema foi o compartilhamento de habitação: na pergunta 9 procurou-se saber se o entrevistado colocaria para compartilhar um imóvel de sua propriedade que estivesse ocioso; na pergunta 10 se ele compartilharia um quarto de sua casa/apartamento; e, na pergunta 11, teve-se a intenção de saber se o entrevistado, na condição de turista, aceitaria compartilhar a habitação e também se a condição para esse compartilhamento era a redução do custo de hospedagem.

O terceiro grupo de perguntas é sobre os valores que poderiam interferir no ato da pessoa compartilhar. Após uma análise da parte teórica, ficou visível a necessidade de pesquisar as seguintes questões: a importância que o entrevistado dá a propriedade de um bem (pergunta 12); se a pessoa está disposta a mudar o seu estilo de vida por causa da questão ambiental (pergunta 13); se as pessoas consideram importante viverem em uma sociedade mais solidária e justa (pergunta 14); se o entrevistado de um modo geral confia no outro (pergunta 15); e se a pessoa se adapta bem aos avanços da tecnologia (pergunta 16).

Com relação às possibilidades de respostas nos grupos das perguntas sobre o compartilhamento e valores, deu-se aos entrevistados, nas perguntas 8, 10, 11 e 15 opções mais objetivas, com apenas dois ou três opções de resposta. Nas perguntas 7, 9, 12, 13 e 14 o entrevistado respondeu entre as cinco opções da Escala Likert.

A seguir tem-se o questionário com as 16 perguntas e as suas possibilidades distintas de respostas:

QUESTIONÁRIO

1. Qual é o seu sexo?

( ) Feminino
( ) Masculino

2. Qual o nível de escolaridade mais alto que você completou?

( ) Ensino fundamental
( ) Ensino médio
( ) Ensino superior
( ) Pós-graduação

3. Qual é a sua idade?

( ) 15 anos ou menos
( ) 16 a 20 anos
( ) 21 a 25 anos
( ) 26 a 30 anos
( ) 31 a 39 anos
( ) 40 a 49 anos
( ) 50 a 59 anos
( ) 60 anos ou mais

4. Qual das opções abaixo melhor descreve seu estado civil atual?

( ) Casado(a), em uma união estável ou casamento civil
( ) Viúvo(a)
( ) Divorciado(a); Separado(a)
( ) Solteiro(a)

5. Aproximadamente, qual é a sua renda familiar mensal?

( ) Classe E: 0 a 2 S.M.
( ) Classe D: 2 a 4 S.M.
( ) Classe C: 4 a 10 S.M.
( ) Classes A e B: acima de 10 S.M.

6. Em que estado brasileiro você mora?

( ) Acre
( ) Alagoas
( ) Amapá
( ) Amazonas
( ) Bahia
( ) Ceará
( ) Distrito Federal
( ) Espírito Santo
( ) Goiás
( ) Maranhão
( ) Mato Grosso
( ) Mato Grosso do Sul
( ) Minas Gerais
( ) Pará
( ) Paraíba
( ) Paraná
( ) Pernambuco
( ) Piauí
( ) Rio de Janeiro
( ) Rio Grande do Norte
( ) Rio Grande do Sul
( ) Rondônia

( ) Roraima
( ) Santa Catarina
( ) São Paulo
( ) Sergipe
( ) Tocantins

7. Você prefere, sempre que precisar, usar um automóvel compartilhado a ter um automóvel próprio.

( ) Concordo plenamente
( ) Concordo parcialmente
( ) Não concordo nem discordo
( ) Discordo parcialmente
( ) Discordo plenamente

8. Tendo um automóvel com ociosidade de uso, você estaria disposto a compartilhá-lo?

( ) Sim
( ) Talvez
( ) Não

9. Sendo proprietário de um imóvel ocioso, você estaria disposto a compartilhá-lo.

( ) Concordo plenamente
( ) Concordo parcialmente
( ) Não concordo nem discordo
( ) Discordo parcialmente
( ) Discordo plenamente

10. Você compartilharia um quarto de sua casa/apartamento para um turista?

( ) Sim
( ) Não

11. Na condição de turista, qual opção você preferiria?

( ) Fico no quarto compartilhado até pelo mesmo preço do hotel
( ) Só fico no quarto compartilhado se for mais barato
( ) Sempre prefiro ficar hospedado em um hotel

12. Você não faz questão de ser o dono de um determinado produto, desde que você possa utilizá-lo.

( ) Concordo plenamente
( ) Concordo parcialmente
( ) Não concordo nem discordo
( ) Discordo parcialmente
( ) Discordo plenamente

13. Você está disposto a mudar o seu estilo de vida para colaborar com o meio ambiente?

( ) Extremamente disposto
( ) Muito disposto
( ) Mais ou menos disposto
( ) Pouco disposto
( ) Nada disposto

14. Uma sociedade mais solidária e justa é importante para você.

( ) Concordo plenamente
( ) Concordo parcialmente
( ) Não concordo nem discordo
( ) Discordo parcialmente
( ) Discordo plenamente

15. Falando de um modo geral, você diria que a maioria das pessoas é de confiança ou é preciso ter cuidado ao lidar com elas?

( ) A maioria das pessoas é de confiança
( ) É preciso ter cuidado ao lidar com elas

16. Você se adapta bem aos avanços da tecnologia.

( ) Concordo plenamente
( ) Concordo parcialmente
( ) Não concordo nem discordo
( ) Discordo parcialmente
( ) Discordo plenamente

4.2 METODOLOGIA

Para a realização da Pesquisa sobre Economia Compartilhada foi criada uma página no *Facebook* específica para o assunto, denominada "*Pesquisa sobre Economia Compartilhada*", e o público foi acessado por meio de publicidade paga. O questionário, descrito anteriormente, foi disponibilizado na plataforma do site *SurveyMonkey* intitulado "Economia Compartilhada". As entrevistas foram realizadas no período de 20 a 26 de novembro de 2018.

Pesquisas pelo *Facebook* já são uma realidade na Academia. Um dos principais motivos é a facilidade e o baixo custo em acessar uma grande quantidade de pessoas em um espaço territorial extenso. Como sugerido por Samuels e Zucco (2013).

> Consideramos o Facebook para recrutar participantes de estudos de pesquisas experimentais on-line de opinião pública. Com base nos dois estudos conduzidos recentemente, discutimos a composição da amostra, a atenção à tarefa e possibilidade de compensar os participantes por meio de uma loteria. Mostramos que o Facebook pode ser uma ferramenta com um bom custo benefício para recrutar rapidamente grandes amostras de participantes em qualquer lugar do mundo.[13] (SAMUELS; ZUCCO, 2013, p. 01, tradução nossa).

---

[13] We consider the use of Facebook to recruit participants for online survey-experimental studies of public opinion. Based on two such studies we recently conducted, we discuss sample composition, attention to the task, and the possibility of rewarding participants through a lottery. We show that Facebook can be a cost-effective tool for rapidly recruiting large samples of participants anywhere in the world.

O Brasil é um país com 209 milhões de habitantes (IBGE, 2019), distribuídos de forma desequilibrada no que diz respeito à densidade, e com locais de difícil acesso. Portanto, o Facebook se torna uma importante ferramenta para a realização de pesquisas de abrangência nacional, caso específico desta Pesquisa.

O ponto negativo, que não se tem como eliminar em uma pesquisa feita pelo *Facebook*, é o fato de o universo de pessoas com a possibilidade de serem acessadas estar sempre limitado às pessoas que estão conectadas na referida rede social.

O *Facebook* possui aproximadamente 2,3 bilhões de pessoas conectadas em rede no mundo. O país com mais pessoas conectadas ao *Facebook* é a Índia, com aproximadamente 300 milhões de usuários. Os Estados Unidos têm 210 milhões de pessoas no *Facebook*. O Brasil aparece em terceiro lugar, com aproximadamente 130 milhões de usuários (TECMUNDO, 2019), ou seja, mais de 60% da população brasileira está conectada em rede pela empresa de Economia Compartilhada *Facebook*.

Para estudar a Economia Compartilhada em todo o território brasileiro, nos 26 estados mais o Distrito Federal, utilizou-se o *Facebook* por permitir o acesso a uma grande quantidade de pessoas e com baixo custo. Na Pesquisa sobre Economia Compartilhada, com os 2.357 questionários respondidos, atendeu-se um dos pontos relevantes para se ter resultados confiáveis que foi obter uma grande amostra.

Pode-se ver a seguir que o autor Rife *et al.* (2016), considera que "o *Facebook* é uma plataforma de pesquisa viável", "oferecendo diversas vantagens em relação às amostras tradicionais", considerações que são apresentadas a seguir:

> Como o recrutamento de participantes e a coleta de dados na internet estão se tornando mais comuns, muitos observadores estão preocupados quanto à validade das pesquisas conduzidas desta forma. Um método de condução de pesquisas na internet que está crescendo é o recrutamento de participantes e a aplicação de questionários no Facebook, o maior serviço de redes sociais do mundo. Se o Facebook deve ser considerado como uma plataforma viável para a pesquisa social, é necessário demonstrar que os usuários do Facebook são suficientemente heterogêneos e que as pesquisas conduzidas pelo Facebook são mais propensas a produzirem resultados que podem ser generalizados a uma população maior. Este estudo verifica estas questões ao comparar os dados demográficos e pessoais coletados no Facebook com os dados coletados em sites autônomos, bem como os dados coletados de estudantes de graduação em duas universidades. Os resultados indicam que há diferenças estatisticamente significativas entre os dados do Facebook e os conjuntos de dados comparados, porém, como 80% das análises mostraram $\eta 2 < 0,05$ parcial, as diferenças são pequenas ou de magnitude praticamente insignificante. Concluímos que o Facebook é uma plataforma de pesquisa viável, e que os usuários recrutados no Facebook para fins de pesquisa são uma forma promissora de levantar dados,

oferecendo diversas vantagens em relação às amostras tradicionais.[14] (RIFE; CATE; KOSINSKI; STILLWELL, 2016, p. 69, tradução nossa).

Na presente Pesquisa sobre Economia Compartilhada as pessoas não tiveram nenhum benefício para responder o questionário, que tinha tempo médio de resposta de dois minutos. Portanto, todas fizeram de forma voluntária para colaborar com o trabalho, que foi dito ser referente a um trabalho para a Universidade, e sobre Economia Compartilhada. Ou seja, foi atendida a questão ética citada nos estudos disponíveis sobre o tema onde se considera importante o entrevistado saber o real motivo da pesquisa.

---

[14] As participant recruitment and data collection over the internet have become more common, numerous observers have expressed concern regarding the validity of research conducted in this fashion. One growing method of conducting research over the internet involves recruiting participants and administering questionnaires over Facebook, the world's largest social networking service. If Facebook is to be considered a viable platform for social research, it is necessary to demonstrate that Facebook users are sufficiently heterogeneous and that research conducted through Facebook is likely to produce results that can be generalized to a larger population. The present study examines these questions by comparing demographic and personality data collected over Facebook with data collected through a standalone website, and data collected from college undergraduates at two universities. Results indicate that statistically significant differences exist between Facebook data and the comparison data-sets, but since 80% of analyses exhibited partial $\eta 2 < .05$, such differences are small or practically nonsignificant in magnitude. We conclude that Facebook is a viable research platform, and that recruiting Facebook users for research purposes is a promising avenue that offers numerous advantages over traditional samples.

Importante registrar que já são inúmeros os estudos acadêmicos com pesquisas realizadas pelo *Facebook* e vários são os autores que defendem essa opção, como pode ser confirmado nas palavras dos autores Kosinski *et al.* (2015):

> O *Facebook* está sendo reconhecido rapidamente como uma ferramenta de pesquisa poderosa para as ciências sociais. Ele constitui um conjunto amplo e diverso de participantes, que podem ser recrutados de forma seletiva tanto para estudos on-line quanto off-line. Além disso, ele facilita a coleta de dados por meio de registros de armazenamento detalhados de perfis demográficos de usuários, interações sociais e comportamentos. Com o consentimento dos participantes, estes dados podem ser registrados retrospectivamente e de forma conveniente, precisa e barata.[15] (KOSINSKI; MATZ; GOSLING; POPOV; STILLWELL, 2015, p. 03).

Entrando na questão prática da execução da Pesquisa, foi feito um *post* no *Facebook* com o seguinte texto: "Você poderia me ajudar com esse trabalho de UNIVERSIDADE respondendo essa pesquisa? (2 minutos). MUITO OBRIGADO!", em página do *Facebook* com o título: "Pesquisa sobre Economia Compartilhada".

---

[15] Facebook is rapidly gaining recognition as a powerful research tool for the social sciences. It constitutes a large and diverse pool of participants, who can be selectively recruited for both online and offline studies. Additionally, it facilitates data collection by storing detailed records of its users' demographic profiles, social interactions, and behaviors. With participants' consent, these data can be recorded retrospectively in a convenient, accurate, and inexpensive way.

O envio do *post* para as pessoas foi feito com publicidade paga à empresa *Facebook*. Segundo informação da própria rede, o *post* foi enviado para 185.241 pessoas e 19.194 pessoas tiveram algum tipo de envolvimento com a publicação, seja na página da Pesquisa ou na página de terceiros, pessoas que "curtiram" ou compartilharam.

Dessas, mais de 19 mil pessoas que interagiram, 15.240 pessoas que "curtiram" o *post*, ou seja, divulgaram para seus amigos de *Facebook* a informação que receberam da página, permitindo que terceiros também tivessem conhecimento do assunto.

Com maior entrosamento do que "curtir", 129 pessoas compartilharam o *post*, ou seja, colocaram o *post* da Pesquisa na sua página do *Facebook*, ação que amplia ainda mais a possibilidade de terceiros participar do debate.

Na área do *post* dedicada ao debate pelo próprio *Facebook* tivemos mais de 150 comentários sobre o assunto e, em alguns casos, o debate entre eles. A transcrição de trechos desses comentários e debates sobre o compartilhamento encontra-se no item 4.3 COMENTÁRIOS FEITOS NO *FACEBOOK*.

Mas o objetivo principal da página criada no *Facebook* era as pessoas responderem o questionário da Pesquisa, que estava em um *link* anexo ao *post*, que levava ao site *SurveyMonkey*, onde estava hospedado o questionário.

Dessas 185 mil pessoas que foram alcançadas pelo anúncio pago, um total de 2.357 pessoas responderam ao questionário, ou seja, 1,27% das pessoas e, considerando que 19.194 pessoas tiveram algum tipo de envolvimento com a publicação, chegamos a um percentual de envolvimento de 10,36% em relação às pessoas alcançadas pelo *post*.

Com relação ao impulsionamento dos anúncios pagos no *Facebook*, primeiro eles foram direcionados para todo o Brasil, até que a quantidade dos questionários respondidos chegasse próximo das 2.000 pessoas.

Cumprida essa primeira etapa, em seguida, como o objetivo era ter entre os entrevistados uma proporção entre sexo e a população dos 26 estados mais o Distrito Federal semelhante aos dados do IBGE, foi necessário continuar fazendo os anúncios pagos no *Facebook*, porém, desta vez de forma direcionada. Ou seja, eles foram específicos para as pessoas do sexo que ainda faltava para atender a proporção do IBGE, mesmo raciocínio usado com relação à população dos 26 estados do Brasil mais o Distrito Federal.

Depois de concluída essa fase de ter os questionários respondidos pelo *Facebook*, foi-se para o site *SurveyMonkey* para o compilamento dos dados extraídos das respostas das 2.357 pessoas. Esses resultados estão apresentados através dos gráficos de números 3 a 38, mais os textos com resultados complementares, com as devidas análises sobre os resultados obtidos.

Após a apresentação das informações gerais da Pesquisa sobre Economia Compartilhada, conforme listado anteriormente, e com a importante colaboração da professora doutora Carolina de Andrade Spínola e do professor orientador doutor Thiago Henrique Carneiro Rios Lopes, fez-se os estudos estatísticos da

Análise Fatorial e da Análise de Regressão para se chegar ao principal objetivo que é responder o questionamento: Qual o perfil do consumidor com maior probabilidade de participar da Economia Compartilhada no Brasil?

Iniciando-se pela Análise Fatorial, fez-se necessário testar a qualidade das respostas dos questionários para ver se seria possível dar sequência aos cálculos estatísticos. O teste Kaiser-Meyer-Olkin (KMO), na Tabela 1, deu o resultado de 0,7501, ou seja, acima de 0,5, e aceito para a continuidade dos estudos.

Esse resultado sinaliza também para a qualidade das respostas do questionário respondido pelo *Facebook*.

Tabela 1 – Kaiser-Meyer-Olkin (KMO) Medida de adequação da amostragem

Fonte: Elaboração própria.

Variável	KMO
automóvel_terceiros	0,8163
automóvel_próprio	0,8009
habitação_ociosa	0,8232
habitação_casa	0,7316
habitação_turista	0,7132
propriedade	0,7670
meio_ambiente	0,6941
solidariedade	0,6836
tecnologia	0,5660
Média	**0,7501**

Referência: valores altos ≥ 0,5

Foi-se para a fase seguinte, que tinha como finalidade condensar os dados. Pode-se ver no Gráfico 1 e na tabela 2, a seguir, que seria possível reduzir os resultados dos nove fatores iniciais para três.

Gráfico 1 – Scree plot
Fonte: Elaboração própria.

Scree plot of eigenvalues after factor

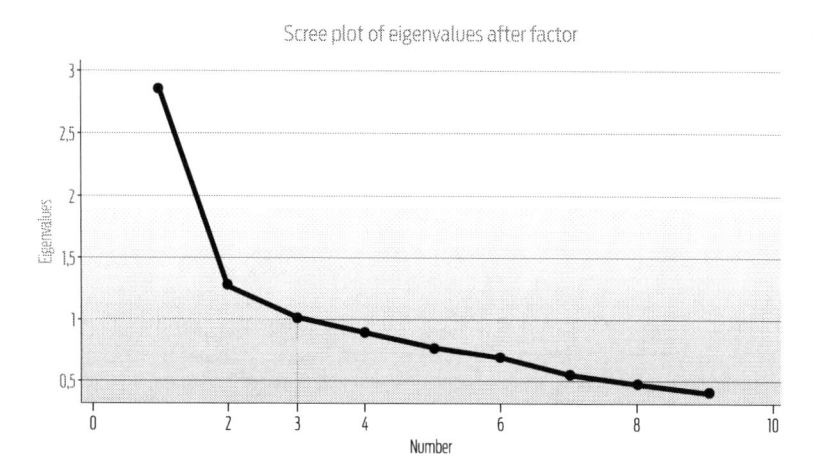

Tabela 2 – Correlação de Análise Fatorial
Fonte: Elaboração própria.

Factor analysis/correlation Number of obs = 2,259
   Method: principal-component factors Retained factors = 3
   Rotation: orthogonal varimax (Kaiser off) Number of params = 24

Factor	Variance	Difference	Proportion	Cumulative
Factor 1	2.33399	0.54227	0.2593	0.2593
Factor 2	1.79172	0.75148	0.1991	0.4584
Factor 3	1.04024	-	0.1156	0.5740

LR test: independent vs. satured: chi2 (36) = 3594.06 Prob>chi2 = 0.0000

Seguindo o estudo da Análise Fatorial, dois Conjuntos ficaram bem visíveis no Gráfico 2, conforme descritos a seguir:

Conjunto A: automóvel_terceiros, automóvel_próprio, habitação_ociosa, habitação_casa e habitação_turista. Todas as perguntas desse conjunto são referentes ao interesse ou não da pessoa compartilhar automóvel ou habitação.

Conjunto B: propriedade, meio_ambiente e solidariedade. Nesse conjunto as questões são referentes aos valores dos entrevistados: se considera ou não importante ser proprietário de um bem, a importância que o cidadão dá ao meio ambiente no momento do consumo e se considera fundamental viver em uma sociedade justa e solidária.

A pergunta sobre tecnologia está isolada de todas as outras, fato que nos fez retirar o tema tecnologia desse estudo.

Os dados agrupados em Conjuntos de perguntas com características semelhantes mostra que existe coerência com as respostas dos 2.357 entrevistados na Pesquisa sobre Economia Compartilhada feita pelo *Facebook*.

Gráfico 2 – **Cargas fatoriais**

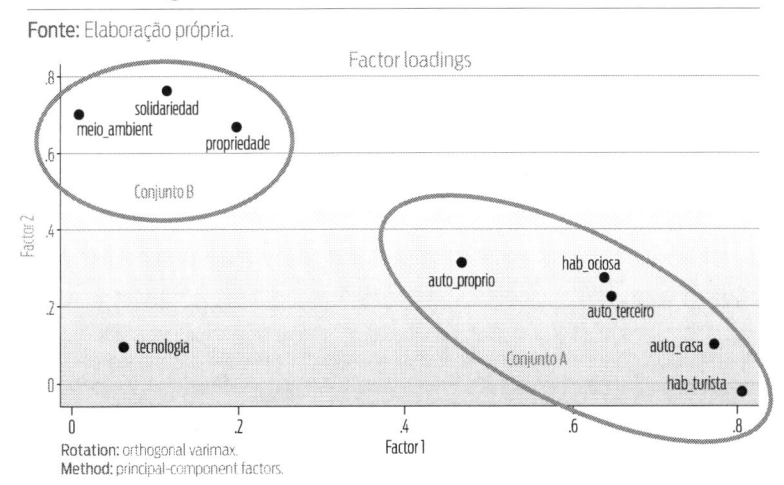

Fonte: Elaboração própria.

Nessa próxima fase fez-se a Análise de Regressão, utilizando o Método dos mínimos quadrados ordinários (MQO), cujos resultados estatísticos estão apresentados na Tabela 3 a seguir.

As análises sobre a Economia Compartilhada, fruto dos resultados da Análise de Regressão, estão no item 4.6 PERFIL DO CONSUMIDOR, respondendo assim o objetivo principal: <u>Qual o perfil do consumidor com maior probabilidade de participar da economia Compartilhada no Brasil?</u>

Tabela 3 – Análise de Regressão: Método dos mínimos quadrados ordinários (MQO)

Fonte: Elaboração própria.

Variável explicativa		Coeficiente	Erro padrão (robusto)	Estatística	p-Valor
1 – Sexo	masculino	variável Dummy	0,031	-3,520	0,000
	feminino	-0,108***			
2 – Nível de escolaridade	ensino fundamental completo	variável Dummy	0,041	3,070	0,002
	ensino médio completo	0,126***	0,056	0,880	0,381
	ensino superior completo	0,049	0,061	0,540	0,588
	pós-graduação completa	0,033			
3 – Idade	até 20 anos	variável Dummy	0,040	1,540	0,124
	de 21 a 30 anos	0,062	0,062	0,400	0,690
	de 31 a 39 anos	0,025	0,055	0,140	0,887
	de 40 a 59 anos	0,008	0,077	0,240	0,811
	acima de 60 anos	0,018			
4 – Estado civil	solteiro	variável Dummy			
	casado	-0,163***	0,037	-4,410	0,000
	divorciado, separado	-0,028	0,068	-0,410	0,682
	viúvo	0,277*	0,150	1,850	0,065
5 – Renda familiar mensal	Classe E	variável Dummy			
	Classe D	0,000	0,034	0,000	0,999
	Classe C	-0,092**	0,043	-2,130	0,033
	Classes A e B	-0,133**	0,052	-2,570	0,010

CONTINUA >>

Economia Compartilhada

>> CONTINUAÇÃO

Variável explicativa		Coeficiente	Erro padrão (robusto)	Estatística	p-Valor
6 – Região em que mora	Norte	variável Dummy			
	Nordeste	0,026	0,035	0,760	0,448
	Centro-Oeste	0,051	0,049	1,050	0,295
	Sudeste	0,034	0,058	0,580	0,562
	Sul	0,063	0,042	1,500	0,133
7 – Propriedade	quer ser dono do produto	variável Dummy			
	+	0,209***	0,054	3,870	0,000
	+/-	0,233***	0,052	4,480	0,000
	-	0,421***	0,048	8,740	0,000
	não faz questão de ser dono	0,544***	0,053	10,290	0,000
8 – Meio ambiente	não muda o estilo de vida	variável Dummy			
	-	0,156	0,110	1,420	0,156
	+/-	0,255**	0,100	2,550	0,011
	+	0,373***	0,101	3,700	0,000
	muda o estilo de vida	0,407***	0,105	3,870	0,000
9 – Solidariedade	menos importante	variável Dummy			
	-	-0,002	0,133	-0,010	0,989
	+/-	-0,019	0,115	-0,160	0,872
	+	-0,021	0,104	-0,200	0,841
	mais importante	0,103	0,102	1,000	0,316
10 – Confiança	não confia nas pessoas	variável Dummy			
	confia nas pessoas	0,226***	0,046	4,900	0,000
Constante		**1,450*** **	**1,134**	**10,830**	**0,000**

Referência: (***) Significativo a 1%, nível de significância alto.
(**) Significativo a 5%, nível de significância médio.
(*) Significativo a 10%, nível de significância baixo.

4.3 COMENTÁRIOS FEITOS NO *FACEBOOK*

A Economia Compartilhada, que é tema contemporâneo, motivou debate entre as pessoas que acessaram a página do *Facebook* criada especificamente para esta Pesquisa.

Foram mais de 150 comentários no período de 7 dias de pesquisa e, nos quadros a seguir, estão transcritos, inclusive com os erros de português e as abreviações, os mais relevantes comentários sobre o tema.

Nas descrições a seguir não se apresentou os nomes das pessoas que escreveram as frases, evitando assim a exposição delas, porém, essas informações estão disponíveis no próprio *Facebook*, na página "Pesquisa de Mercado sobre Economia Compartilhada", que é aberta ao público.

"Uber economia no bolso."
"UBER mais em conta."
"É mais barato do que os táxis convencionais, antes ninguém conseguia andar de táxi muito caro."

Os comentários sobre a redução de custo do *Uber* em relação ao táxi reafirmam o conceito original da Economia Compartilhada, que foi criada para reduzir o custo das pessoas no ato do consumo.

"Eu sempre ando de Uber gosto, porque posso pagar no cartão de crédito."
"vc [você] se locomove com praticidade pra todo lugar."
"Uber um jeito mais rápido de se locomover fac através do celular..."
"O Uber é um meio de locomoção útil que beneficia a população..."

Nesses comentários podemos perceber o elogio à praticidade de se locomover e de pagar. Isso é possível por conta dos avanços tecnológicos e, em especial, da internet e dos *smartphones*, base tecnológica para o crescimento do compartilhamento na sociedade.

> "deveria ter um pouco mais de segurança"

Esse comentário é sobre o uso do *Uber* e o risco que as pessoas podem correr usando serviços de terceiros sem um controle maior do Estado como é o caso do táxi, demonstrando que a questão dos valores, da confiança no outro, são fatores que interferem na decisão do compartilhamento.

> "*Facebook* distração. Comunicação. Uma ferramenta boas [boa] pra [para as] vendas tb [também]."
>
> "*Facebook* você conectado com o Mundo."

As pessoas que escreveram esses dois textos anteriores estavam se referindo ao *Facebook*, e o que ele motiva nas pessoas: "distração", referindo-se as oportunidades de lazer e divertimento que o *Facebook* pode proporcionar; "comunicação" e "você conectado com o Mundo" mostra a dimensão global proporcionada pelas redes sociais de compartilhamento e as suas possibilidades de comunicação. Quando o cidadão escreve que serve também para "vendas", fica claro que a "Economia Compartilhada" está proporcionando novas oportunidades de negócios para as pessoas.

> "...conquista muitas amizades de muito longe mas distância [afasta] quem [está] sentado ao seu lado dentro de sua casa."

Nessa frase o cidadão se posiciona ao lado dos pensamentos de Bauman (2008) no que diz respeito ao afastamento que as redes sociais geram entre as pessoas próximas. Porém, também é citada a vantagem de aproximar as pessoas distantes.

> "Uber não trás segurança nem renda para o país. Já foi cancelado em vários países é só pesquisar."

No comentário anterior a pessoa faz referência ao fato da empresa *Uber* não ser brasileira, o que, segundo ele, não gera "renda" para o Brasil.

> "Uber trabalho escravo."

Nesse caso o cidadão fez uma crítica à forma da relação de trabalho do motorista do automóvel com a empresa *Uber*, que não é de empregador e empregado. O pensamento dessa pessoa, que emitiu sua opinião sobre o "trabalho", pode-se ampliar para muitas outras relações de trabalho na Economia Compartilhada.

> Pessoa A) "Como é que é?! A pessoa se esfola pra comprar um casa ou 02 [duas] e a 'ociosa' seria bom compartilhar?! Kkkkk. Amigo quem quiser que trabalhe e se esfole de trabalhar de domingo a domingo pra ter 02 [duas casas] como eu tenho..."
>
> Pessoa B) "Não [é] uma obrigação [compartilhar]. Se eu tenho um automóvel que não uso eu prefiro compartilhar do que deixar parado pra nada..."
>
> Pessoa A) "...O Mundo de Alice só no cinema e comunismo nunca deu certo em lugar nenhum."
>
> Pessoa A) "...exatamente por isso que o socialismo nunca deu certo infelizmente. É bonito?! Nossa hipoteticamente é muito lindo e poético mas 'não é real'."
>
> Pessoa B) "As pessoas mudam SIM! A sociedade vive em intensa transformação, e precisamos fazer a nossa parte, para isso é preciso reconhecer o privilégio e lutar para que outras pessoas também tenham os direitos básicos."
>
> Pessoa B) "E o capitalismo só deu certo para os ricos, ou seja, uma parte extremamente pequena da população."

Como se pode verificar, o tema Economia Compartilhada gerou polêmica no espaço para comentários. Note que a "Pessoa B" defende a distribuição mais equilibrada dos bens entre as pessoas, e a "Pessoa A" acredita que o compartilhamento se assemelha ao "socialismo" e ao "comunismo", discordando da ideia de compartilhar os produtos de sua propriedade.

4.4 PERFIL DOS ENTREVISTADOS

Conforme apresentado anteriormente no item 4.1 QUESTIONÁRIO, as seis primeiras perguntas do questionário tinham como finalidade definir o perfil dos entrevistados. A seguir, detalhamentos dos resultados encontrados nessas perguntas que são sobre: sexo, nível de escolaridade, idade, estado civil, renda familiar mensal, e estado onde o entrevistado mora. Os resultados estão resumidos na **Tabela 4 – Perfil dos entrevistados**.

Foram entrevistadas 2.357 pessoas e, com relação ao sexo, foram 51,13% de pessoas do sexo feminino e 48,87% de pessoas do sexo masculino. Vale ressaltar que esta é uma proporção semelhante entre homens e mulheres identificada pelo Instituto Brasileiro de Geografia e Estatística (IBGE). Com relação ao nível de escolaridade, os resultados foram os seguintes: 15,24% de pessoas com "ensino fundamental completo"; 53,05% com "ensino médio completo"; 18,00% com "ensino superior completo"; e 13,71% disseram possuir pós-graduação completa.

Nas respostas dos questionários mais pessoas do gênero "feminino" possuem nível de escolaridade superior em relação ao de gênero "masculino". Enquanto 17,67% das mulheres disseram possuir pós-graduação completa, apenas 9,58% dos homens afirmaram tê-la. Além disso, as mulheres com ensino superior completo são 21,67%, e os homens foram 14,20%. O ensino fundamental completo possui mais pessoas do sexo masculino (22,82%) e menos do sexo feminino (8,00%).

A distribuição, por faixa etária, daqueles que responderam ao questionário foi da seguinte forma: até 15 anos 3,65%; de 16 a 20 anos 31,97%; de 21 a 25 anos 22,31%; de 26 a 30 anos 10,71%; de 31 a 39 anos 9,18%; de 40 a 49 anos 8,20%; de 50 a 59 anos 8,88%; e com mais de 60 anos 5,10%.

Notou-se, ainda, que, com relação ao estado civil, 29,62% disseram que estavam "casados(as), em uma união estável ou em um casamento civil"; 0,94% se declararam viúvos(as); 5,86% são divorciados(as) ou separados(as); e 63,58% solteiros(as).

Com relação à renda familiar mensal, a pesquisa constatou que 37,33% responderam pertencer à Classe E (com renda familiar mensal de até 2 salários mínimos); 36,40% são pessoas da Classe D, (renda familiar mensal de 2 a 4 salários mínimos); 16,22% pertencem à Classe C (renda familiar mensal de 4 a 10 salários mínimos); 10,05% são das Classes A e B (renda familiar mensal acima de 10 salários mínimos).

Tabela 4 – Perfil dos entrevistados

Fonte: Elaboração própria.

Sexo	100,00%
Feminino	51,13%
Masculino	48,87%
Nível de escolaridade	**100,00%**
Ensino fundamental completo	15,24%
Ensino médio completo	53,05%
Ensino superior completo	18,00%
Pós-graduação completa	13,71%
Idade	**100,00%**
Até 15 anos	3,65%
De 16 a 20 anos	31,97%
De 21 a 25 anos	22,31%
De 26 a 30 anos	10,71%
De 31 a 39 anos	9,18%
De 40 a 49 anos	8,20%
De 50 a 59 anos	8,88%
Mais de 60 anos	5,10%
Estado civil	**100,00%**
Casados(as), em uma união estável ou em um casamento civil	29,62%
Viúvos(as)	0,94%
Divorciados(as) ou separados(as)	5,86%
Solteiros(as)	63,58%
Renda familiar mensal	**100,00%**
Classe E (até 2 salários mínimos)	37,33%
Classe D (de 2 a 4 salários mínimos)	36,40%
Classe C (de 4 a 10 salários mínimos)	16,22%
Classes A e B (acima de 10 salários mínimos)	10,05%

4.5 RESULTADOS DA PESQUISA

Os resultados da Pesquisa sobre Economia Compartilhada estarão apresentados a seguir, na seguinte sequência:

- O compartilhamento de automóvel
- O compartilhamento de habitação
- A propriedade
- O meio ambiente
- A solidariedade
- A confiança

4.5.1 O compartilhamento de automóvel

Um dos setores que mais se utiliza do compartilhamento no mundo é o de transporte, e por isso iniciamos com o tema: compartilhamento de automóvel. Foram dois os questionamentos sobre o tema:

- Você prefere, sempre que precisar, usar um automóvel compartilhado a ter um automóvel próprio.
- Tendo um automóvel com ociosidade de uso, você estaria disposto a compartilhá-lo?

Com essas duas questões a intenção é saber sobre os dois cenários possíveis com relação ao compartilhamento de um automóvel. Na primeira frase, se a pessoa aceita usar um automóvel de terceiros e, na segunda, se a pessoa aceita disponibilizar o próprio automóvel para uso por terceiros, dois comportamentos diferentes com o mesmo bem, o automóvel.

Economia Compartilhada

Iniciamos com a questão: "Você prefere, sempre que precisar, usar um automóvel compartilhado a ter um automóvel próprio.", analisando todo o universo pesquisado e depois setorizando as respostas por sexo, nível de escolaridade, idade, estado civil e renda familiar mensal.

No gráfico 3, a seguir, podemos perceber que 33,52% das pessoas disseram que concordavam plenamente e parcialmente com a possibilidade de não ser dona de um automóvel e, quando precisassem, fariam sua locomoção com um automóvel de terceiros, usando um dos aplicativos de automóvel compartilhado. Em contraponto 45,64% responderam que discordavam parcialmente ou plenamente no compartilhamento dessa modalidade e 20,84% demonstraram dúvida no questionamento.

Vale registrar que 1/3 do mercado de transporte individual de passageiros representa um grande volume de oportunidades de negócios, fato que justifica o grande crescimento do setor de compartilhamento de automóveis no Brasil, tendo como propulsora a empresa *Uber*.

Gráfico 3 – Você prefere, sempre que precisar, usar um automóvel compartilhado a ter um automóvel próprio

Fonte: Elaboração própria.

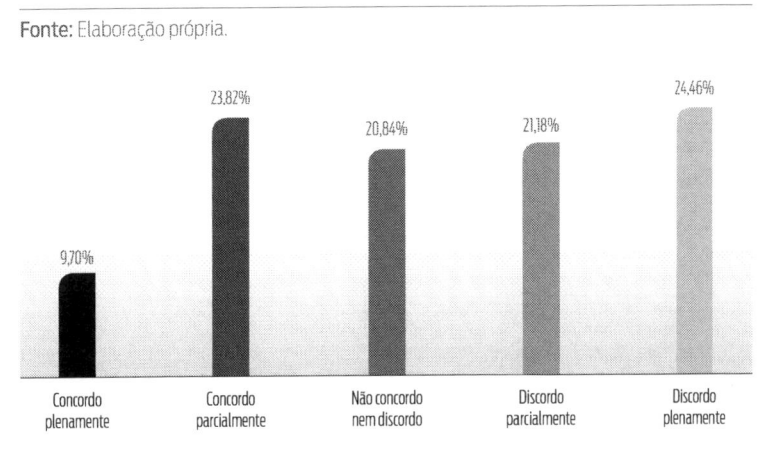

Concordo plenamente	Concordo parcialmente	Não concordo nem discordo	Discordo parcialmente	Discordo plenamente
9,70%	23,82%	20,84%	21,18%	24,46%

Com relação ao uso do automóvel compartilhado, ao invés de ser dono de um automóvel, há um equilíbrio entre o que pensam as pessoas do sexo masculino e feminino.

Considerando quem respondeu "concordo plenamente" e "concordo parcialmente" temos 33,33% para as pessoas de sexo feminino e 33,51% para as de sexo masculino, conforme pode ser visto no gráfico 4 a seguir.

Em todas as cinco possibilidades de respostas acontece uma proximidade entre os percentuais das mulheres e dos homens, porém, pode-se dizer que as mulheres são maioria nas respostas "concordo plenamente" e "discordo plenamente", ou seja, nas posições onde a dúvida com relação a resposta dada é mais baixa, enquanto que os homens são maioria nas três possibilidades de respostas intermediárias.

Gráfico 4 – Você prefere, sempre que precisar, usar um automóvel compartilhado a ter um automóvel próprio x Sexo

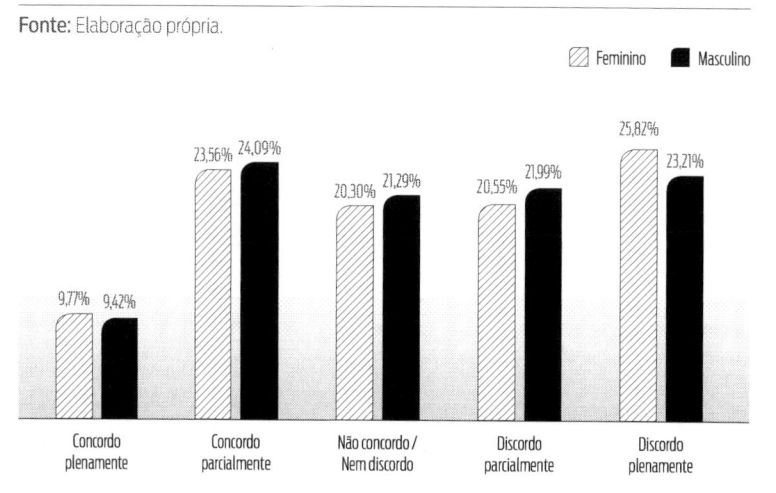

Fonte: Elaboração própria.

	Feminino	Masculino
Concordo plenamente	9,77%	9,42%
Concordo parcialmente	23,56%	24,09%
Não concordo / Nem discordo	20,30%	21,29%
Discordo parcialmente	20,55%	21,99%
Discordo plenamente	25,82%	23,21%

Quando analisamos a possibilidade de a pessoa não ter um automóvel próprio e usar o serviço de automóvel compartilhado em relação ao seu nível de escolaridade, percebe-se que as pessoas com maior nível de escolaridade tendem a compartilhar mais.

Somando as respostas "concordo plenamente" e "concordo parcialmente" as pessoas que possuem pós-graduação completa representam 42,41%; com ensino superior completo 37,68%; com ensino médio completo 32,45%; e com ensino fundamental completo 22,84% (ver gráfico 5).

As pessoas que responderam "não concordo nem discordo" são, em proporção maior, as que possuem menor nível de escolaridade, fato que pode ser justificado pelo tema Economia Compartilhada ser assunto recente e ainda de pouco conhecimento das pessoas com menor instrução.

Gráfico 5 – Você prefere, sempre que precisar, usar um automóvel compartilhado a ter um automóvel próprio x Nível de escolaridade

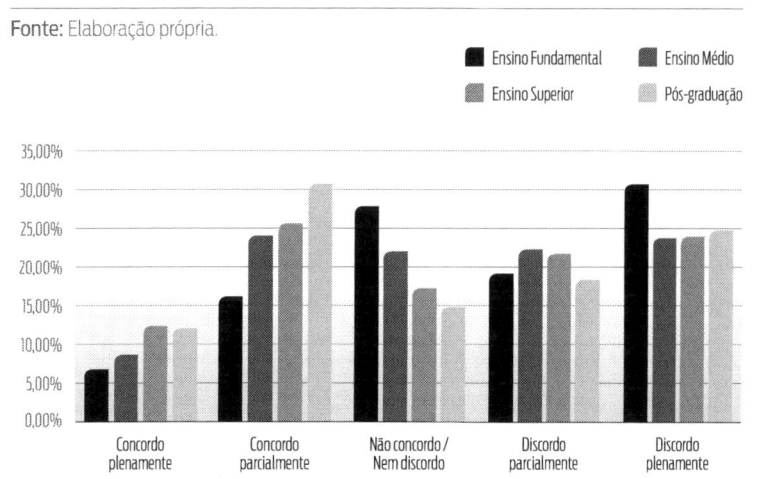

Fonte: Elaboração própria.

A Pesquisa demonstrou que as pessoas com maior idade possuem maior propensão a compartilhar o automóvel de terceiros. Da mesma forma, os viúvos, divorciados e separados possuem maior propensão em compartilhar um automóvel de terceiros do que os casados ou em uma união estável e os solteiros.

Com relação à mesma pergunta, pode-se notar que 32,23% das pessoas que fazem parte da Classe E responderam "concordo plenamente" e "concordo parcialmente"; da Classe D foram 35,01%; da Classe C, 36,32% e das Classes A e B, 28,51%. Isso sugere que as pessoas das Classes C e D têm maior propensão a usar um automóvel compartilhado, enquanto que as pessoas das Classes A e B tendem a serem proprietárias de automóveis (ver gráfico 6).

Gráfico 6 – Você prefere, sempre que precisar, usar um automóvel compartilhado a ter um automóvel próprio x Renda familiar mensal

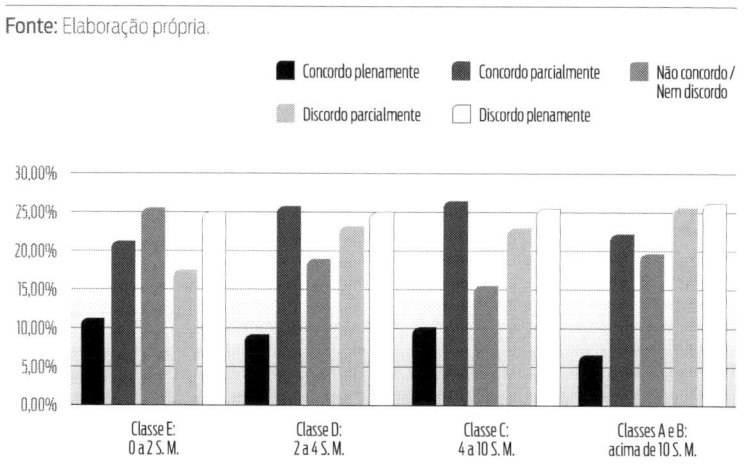

Fonte: Elaboração própria.

Considerando as informações da pesquisa sobre o compartilhamento de automóvel, podemos traçar o seguinte perfil do consumidor com maior probabilidade de compartilhar: são pessoas bem distribuídas entre os sexos; possuem maior grau de escolaridade e maior idade; são da Classe C e D; são viúvos, divorciados e separados. Esse mercado atinge aproximadamente 1/3 da população brasileira.

É importante destacar que às vezes as pessoas gostariam de compartilhar um bem cuja propriedade é do outro. Mas até que ponto as pessoas estão dispostas a compartilhar um bem da sua propriedade? Visando responder a essa questão, a pergunta anterior foi invertida. Assim, é perguntado sobre a possibilidade de o entrevistado colocar à disposição o automóvel de sua propriedade para que outra pessoa o utilize.

Podemos ver no gráfico 7 a seguir que a resposta "sim" para compartilhar o automóvel de sua propriedade é de 34,67%, percentual próximo ao do gráfico 3, também aproximadamente 1/3 dos pesquisados. Esse equilíbrio entre os que querem compartilhar o próprio automóvel e os que desejam compartilhar o automóvel de terceiros é muito importante para equilibrar o mercado no que diz respeito à oferta e à procura do produto.

Importante registrar que 38,79% dos entrevistados responderam "talvez", ou seja, demonstraram dúvida com relação a compartilhar ou não um automóvel de sua propriedade, fato que pode ser justificado por conta do tema Economia Compartilhada ser assunto recente na sociedade.

Gráfico 7 – Tendo um automóvel com ociosidade de uso, você estaria disposto a compartilhá-lo?

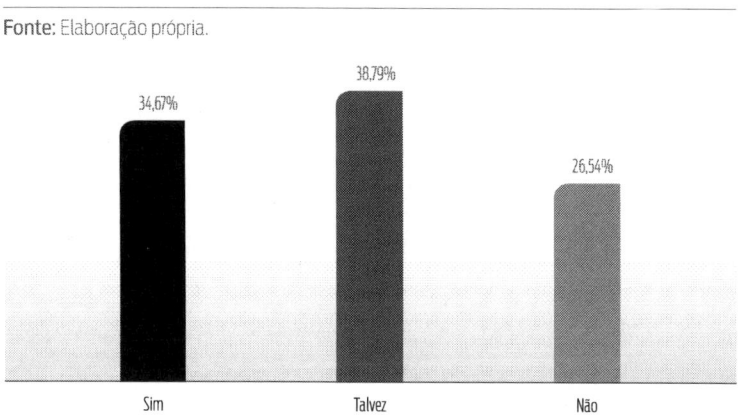

Fonte: Elaboração própria.

Na questão "tendo um automóvel com ociosidade de uso, você estaria disposto a compartilhá-lo?", as pessoas que responderam ser do sexo feminino possuem uma tendência maior ao compartilhamento do automóvel próprio em relação às de sexo masculino. As do sexo feminino disseram "sim" em 37,25% dos casos, e do sexo masculino o resultado foi 31,93% (ver gráfico 8).

Vale registrar que no gráfico 4 temos o equilíbrio entre os sexos no compartilhamento do automóvel de terceiros, porém, no caso do compartilhamento do automóvel próprio, as pessoas de sexo feminino possuem maior tendência a compartilhar do que as de sexo masculino, ou seja, os homens têm menos interesse em disponibilizar o seu automóvel para terceiros.

Importante registrar também que a resposta "talvez" teve o maior percentual entre todas as respostas, ou seja, as dúvidas entre compartilhar o próprio automóvel ou não compartilhar é muito alta, fato que pode ser justificado pela novidade do tema.

Gráfico 8 – Tendo um automóvel com ociosidade de uso, você estaria disposto a compartilhá-lo? x Sexo

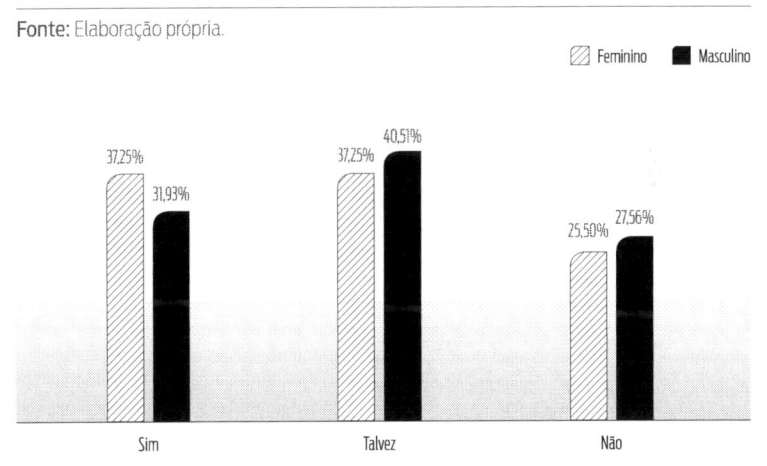

Fonte: Elaboração própria.

	Feminino	Masculino
Sim	37,25%	31,93%
Talvez	37,25%	40,51%
Não	25,50%	27,56%

Nota-se também que aqueles com "pós-graduação completa", "ensino superior completo" e "ensino médio completo" têm resultados próximos quando a resposta é "sim": 34,47%; 35,14% e 36,98%, respectivamente, para o compartilhamento de um automóvel próprio e com ociosidade de uso, enquanto que, neste mesmo cenário, quem possui "ensino fundamental completo" tem menor intenção de compartilhar: 27,05% (ver gráfico 9).

Ainda nesse caso, as pessoas com "ensino fundamental completo" são maioria quando respondem "talvez", certamente por desconhecem mais sobre o tema Economia Compartilhada.

Gráfico 9 – Tendo um automóvel com ociosidade de uso, você estaria disposto a compartilhá-lo? x Nível de escolaridade

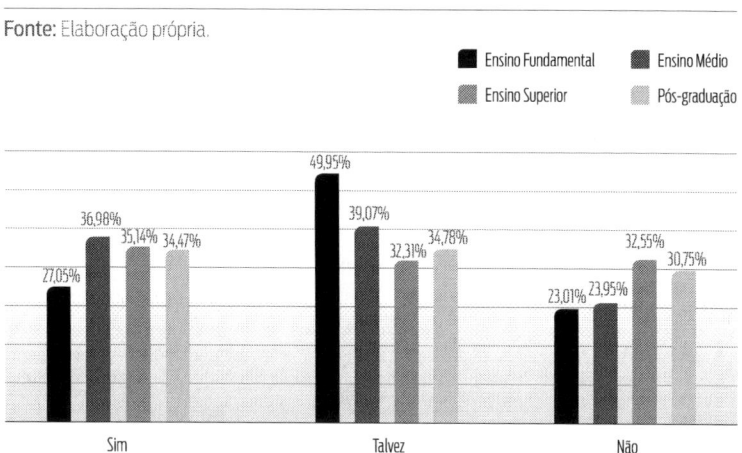

Fonte: Elaboração própria.

	Sim	Talvez	Não
Ensino Fundamental	27,05%	49,95%	23,01%
Ensino Médio	36,98%	39,07%	23,95%
Ensino Superior	35,14%	32,31%	32,55%
Pós-graduação	34,47%	34,78%	30,75%

Foi possível perceber que as Classes D e E têm mais intenção de compartilhar o próprio automóvel do que as classes mais altas. Quando perguntadas se "Tendo um automóvel com ociosidade de uso, você estaria disposto a compartilhá-lo?", quase 36% das classes D e E responderam que sim, ao passo que 30% e 33%, respectivamente, das classes C, e A e B (ver gráfico 10).

Essa maior probabilidade das pessoas das Classes D e E compartilharem o próprio automóvel certamente é por causa da maior necessidade de ampliação da renda, em relação às pessoas das Classes A, B e C, fato que tem semelhança com o estudo teórico, onde se concluiu que um dos principais interesses de quem compartilha é o ganho financeiro.

Gráfico 10 – Tendo um automóvel com ociosidade de uso, você estaria disposto a compartilhá-lo? x Renda familiar mensal

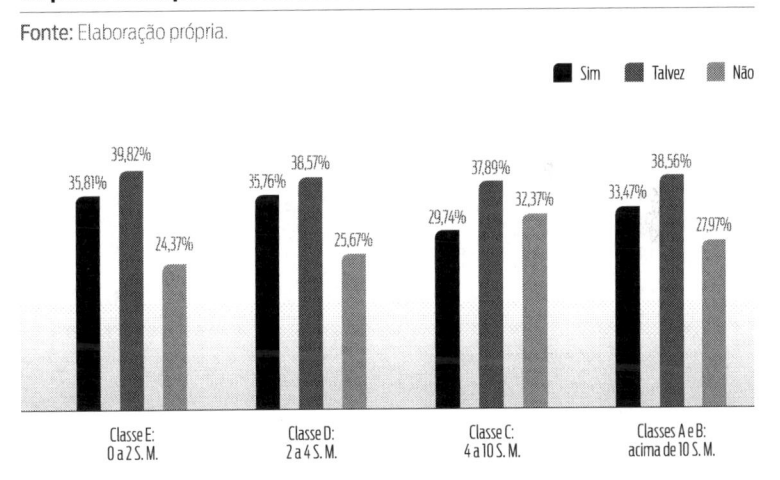

Fonte: Elaboração própria.

Classe	Sim	Talvez	Não
Classe E: 0 a 2 S.M.	35,81%	39,82%	24,37%
Classe D: 2 a 4 S.M.	35,76%	38,57%	25,67%
Classe C: 4 a 10 S.M.	29,74%	37,89%	32,37%
Classes A e B: acima de 10 S.M.	33,47%	38,56%	27,97%

No gráfico 11 a seguir temos os resultados do compartilhamento de um automóvel ocioso por estado brasileiro e podemos ver que existe uma diferença grande entre os resultados. O estado que apresenta o maior percentual de resposta "sim" para o compartilhamento é o Piauí com 56%, e o estado que registrou o menor percentual foi o Amazonas com 22%.

Considerando que a média dos resultados entre todos os estados brasileiros foi de 35% (ver gráfico 7), podemos dizer que a variação máxima para cima, no caso do Piauí, foi de 60% e, a variação máxima para baixo, o estado do Amazonas, foi de 37%.

Gráfico 11 – Tendo um automóvel com ociosidade de uso, você estaria disposto a compartilhá-lo? x Em que estado brasileiro você mora?

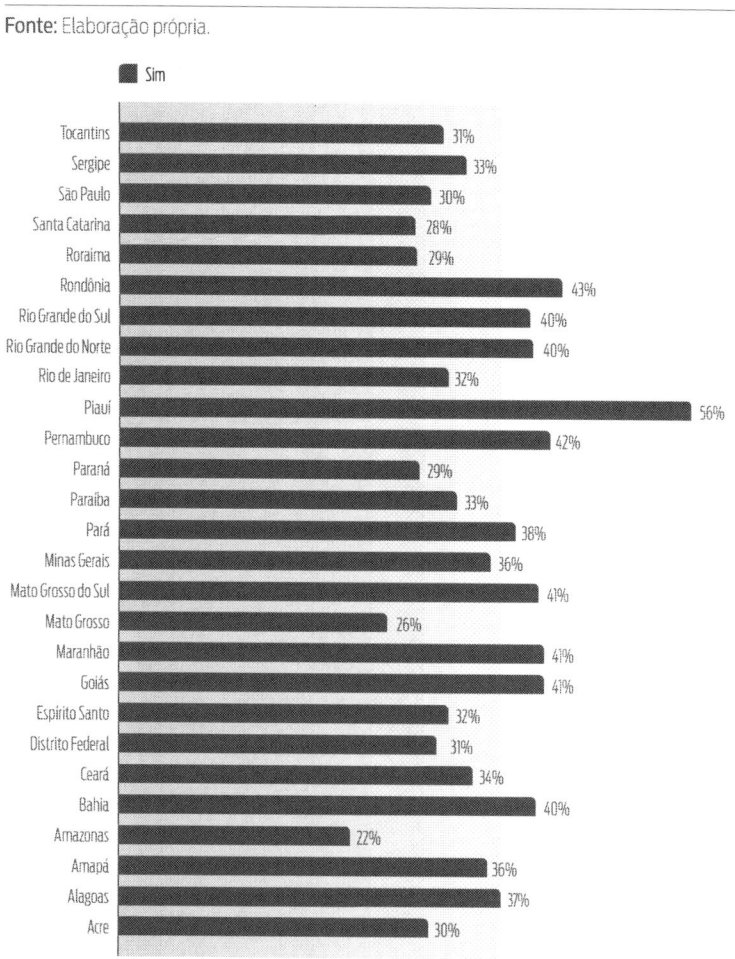

Fonte: Elaboração própria.

■ Sim

Estado	%
Tocantins	31%
Sergipe	33%
São Paulo	30%
Santa Catarina	28%
Roraima	29%
Rondônia	43%
Rio Grande do Sul	40%
Rio Grande do Norte	40%
Rio de Janeiro	32%
Piauí	56%
Pernambuco	42%
Paraná	29%
Paraíba	33%
Pará	38%
Minas Gerais	36%
Mato Grosso do Sul	41%
Mato Grosso	26%
Maranhão	41%
Goiás	41%
Espírito Santo	32%
Distrito Federal	31%
Ceará	34%
Bahia	40%
Amazonas	22%
Amapá	36%
Alagoas	37%
Acre	30%

Quando fazemos a análise por Região brasileira percebemos que as variações que existem entre os estados se reduzem significativamente, ficando a diferença entre a Região com maior resultado pelo compartilhamento do automóvel ocioso, o Nordeste, com 40%, e a Região com o menor percentual, a Sudeste, com 32% (ver gráfico 12). A média nacional é de 35% (ver gráfico 7).

Gráfico 12 – Tendo um automóvel com ociosidade de uso, você estaria disposto a compartilhá-lo? x Por Região brasileira

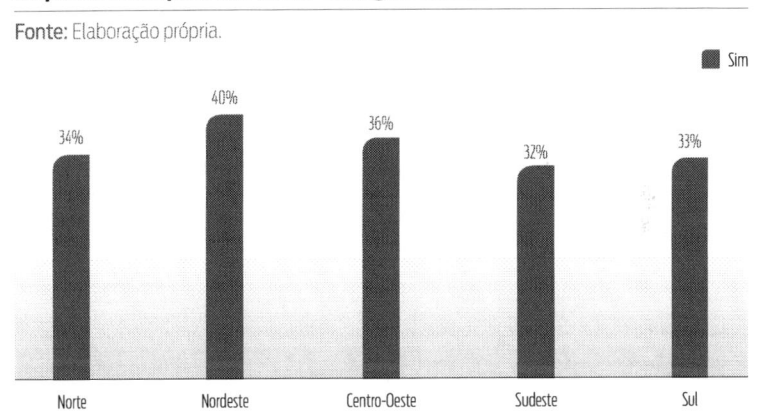

Fonte: Elaboração própria.

Região	Sim
Norte	34%
Nordeste	40%
Centro-Oeste	36%
Sudeste	32%
Sul	33%

Com relação ao estado civil, quando perguntados sobre a possibilidade de compartilhar o automóvel próprio ocioso, dos "casados, em uma união estável ou em um casamento civil" 44% responderam "sim", mesmo percentual dos solteiros; os divorciados ou separados foram 43%; enquanto que os viúvos tiveram um percentual inferior para o "sim": 32%.

Nesse mesmo tema, com relação à idade, as pessoas que responderam "sim" representaram os seguintes percentuais: até 15 anos com 30%; 16 a 20 anos com 32%; 21 a 25 anos com 37%; 26 a 30 anos com 40%; 31 a 39 anos com 32%; 40 a 49 anos com 34%; 50 a 59 anos com 36%; e com mais de 60 anos com 40%, ou seja, as pessoas mais propensas a compartilhar, neste caso, são as que possuem entre 21 e 30 anos, somadas às que possuem mais de 50 anos.

Foi feita uma pergunta aos indivíduos que remete a algum tipo de valor ou preocupação com o meio ambiente: Você está disposto a mudar o seu estilo de vida para colaborar com o meio ambiente? O objetivo é verificar se aqueles mais dispostos a compartilhar algum bem de sua propriedade revelam maior preocupação ambiental.

Dos que disseram "extremamente disposto" para colaborar com o meio ambiente, 43,48% afirmaram que "sim", gostariam de compartilhar o próprio automóvel. Por outro lado, apenas 15,38% dos que responderam "nada disposto" para contribuir com o meio ambiente gostariam de compartilhar seu automóvel próprio (ver gráfico 13).

Conforme destacado no item **3.2.2 O meio ambiente e o consumo ético**, é possível que o compartilhamento de produtos e serviços possa reduzir a produção e, consequentemente, a produção de lixo. Isso deve melhorar a questão ambiental e que essa tendência, de priorizar o consumo consciente, tem crescido principalmente nos mercados dos países mais desenvolvidos. Ao que parece, há uma associação entre aqueles mais dispostos a compartilhar sua propriedade com a existência de valores ambientais.

Gráfico 13 – **Tendo um automóvel com ociosidade de uso, você estaria disposto a compartilhá-lo? x Você está disposto a mudar o seu estilo de vida para colaborar com o meio ambiente?**

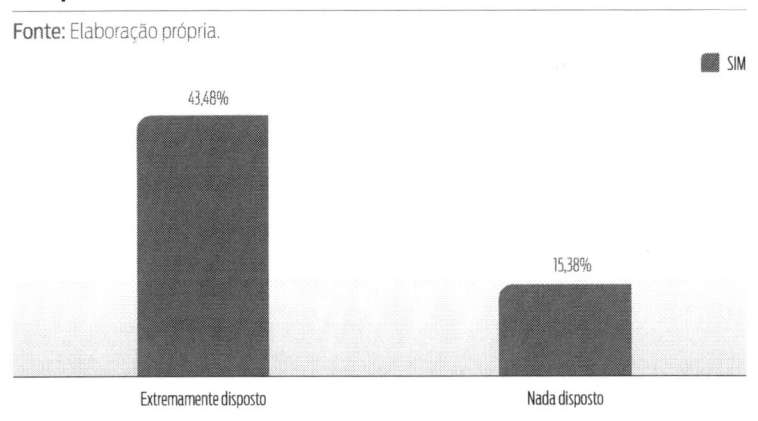

Fonte: Elaboração própria.

■ SIM

- Extremamente disposto: 43,48%
- Nada disposto: 15,38%

O compartilhamento tem menor probabilidade de ocorrer em um ambiente em que as pessoas não confiam umas nas outras. Na revisão de literatura, verificou-se que a Economia Compartilhada aproxima as pessoas no ato do consumo, inclusive criando sistemas de medição de qualidade tanto do cidadão que coloca o produto para ser compartilhado quanto do que exerce a posição de consumidor. Foi visto também que o Brasil possui um dos mais baixos níveis de confiança interpessoal.

Foi feita a seguinte pergunta às pessoas: "Falando de um modo geral, você diria que a maioria das pessoas é de confiança ou é preciso ter cuidado ao lidar com elas?". Esse é um questionamento amplamente conhecido na literatura sobre confiança. Tal pergunta é realizada em vários países do mundo pela *World Values Survey*, uma rede internacional de cientistas sociais. Na presente pesquisa, 46,43% daqueles que responderam que "a maioria das pessoas é de confiança" estariam dispostos a compartilhar seu automóvel. Por outro lado, 33,21% daqueles que disseram que "é preciso ter cuidado ao lidar com elas" estaria disposto a compartilhar (ver gráfico 14).

Dessa forma, fica evidente pela Pesquisa que as pessoas que confiam mais nas outras possuem maior probabilidade de compartilharem (46%), em relação às pessoas que acreditam que é preciso ter cuidado ao lidar com as outras pessoas (33%).

Gráfico 14 – Tendo um automóvel com ociosidade de uso, você estaria disposto a compartilhá-lo? x Falando de um modo geral, você diria que a maioria das pessoas é de confiança ou é preciso ter cuidado ao lidar com elas?

Fonte: Elaboração própria.

	SIM
A maioria das pessoas é de confiança	46,43%
É preciso ter cuidado ao lidar com elas	33,21%

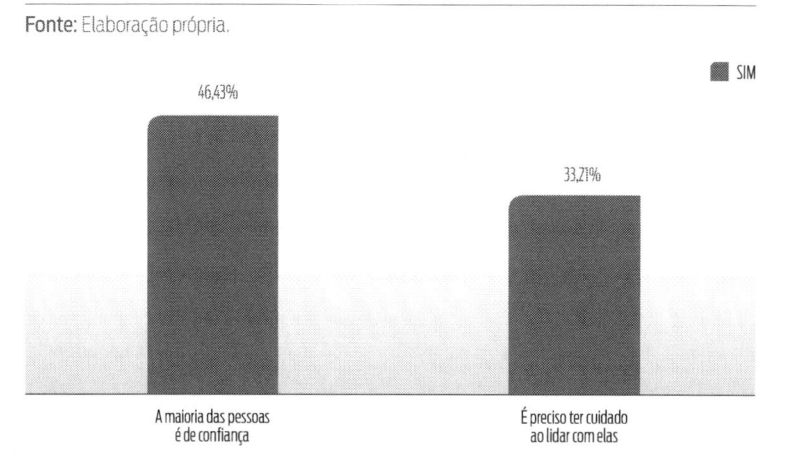

Em princípio, analisando os entrevistados em relação a compartilhar o próprio automóvel ocioso com terceiros, podemos dizer que as pessoas com este perfil possuem maior probabilidade de compartilhar são: do sexo feminino, os mais escolarizados, que possuem entre 21 e 30 anos ou mais de 50 anos, os casados, separados ou solteiros, das Classes D e E, da Região Nordeste, que estão mais dispostos a mudar o seu estilo de vida para colaborar com o meio ambiente, e os que consideram a maioria das pessoas de confiança.

4.5.2 O compartilhamento de habitação

O compartilhamento de habitação já é uma realidade e, por isso, o estudo deste setor também precisa ser considerado. Para tanto, foram feitas três perguntas que juntas compõem o cenário do mercado de habitação compartilhada:

- Sendo proprietário de um imóvel ocioso, você estaria disposto a compartilhá-lo.
- Você compartilharia um quarto de sua casa/apartamento para um turista?
- Na condição de turista, qual opção você preferiria?

As duas primeiras perguntas procuram investigar se a pessoa estaria disposta a compartilhar o imóvel de sua propriedade que, neste caso, possui dois cenários diferentes: i) no primeiro caso, a pessoa não reside no imóvel, o qual está ocioso; e ii) o imóvel é o mesmo em que ela reside e, é importante registrar que essa pergunta se refere a um dos maiores graus de compartilhamento entre todos os casos da Economia Compartilhada: receber uma pessoa desconhecida na própria casa/apartamento. Na terceira pergunta analisamos o cidadão na condição de cliente, se estaria disposto a compartilhar o imóvel de terceiros.

De acordo com o gráfico 15 a seguir é possível verificar que 43,78% das pessoas pesquisadas responderam que concordam plenamente e parcialmente sobre a possibilidade de compartilhar um imóvel próprio que esteja ocioso.

Como já mencionado na parte teórica, a Economia Compartilhada tomou dimensão global com a invenção e ampliação da internet e dos *smartphones*, possibilitando assim conectar pessoas de forma rápida, eficiente, com custo baixo e sem limitação de distância. Esse avanço tecnológico aproxima um cidadão, por exemplo, que está em qualquer local do mundo, a um proprietário de um imóvel que pode passar a ter uma renda extra de um imóvel ocioso.

Se antes da Economia Compartilhada era necessária uma gestão profissional para alugar um imóvel, com a atuação de corretores, com os aplicativos de compartilhamento de imóveis o cidadão que, mesmo não sendo profissional do setor imobiliário, passou a ter a possibilidade de fazer a locação direta do seu imóvel.

Com a divulgação de um determinado imóvel em um aplicativo de compartilhamento especialista em locação, por exemplo, o proprietário passa a ter a propaganda do imóvel com visibilidade mundial, bem como modelos de Contrato de Locação, controle com relação ao recebimento dos recursos acordados, registro dos acordos feitos, e avaliação dada por terceiros ao parceiro comercial. Ou seja, várias informações são disponibilizadas pelos aplicativos que ampliam a segurança da transação comercial e aumentam a probabilidade de fechamento do negócio.

Os negócios podem ser feitos com vários tipos de imóveis: comerciais, residenciais ou industriais; em grandes centros urbanos, zonas periféricas ou rurais; para uso de longo prazo ou eventual; imóveis de alto ou baixo valor; e com qualquer dimensão. Portanto, imóvel com qualquer característica e finalidade de uso.

Essa facilidade gerada pelos aplicativos de compartilhamento de imóveis para locação, venda ou compra está gerando um novo mercado consumidor de clientes individuais, que está ampliando sobremaneira as oportunidades de negócios.

Gráfico 15 – Sendo proprietário de um imóvel ocioso, você estaria disposto a compartilhá-lo

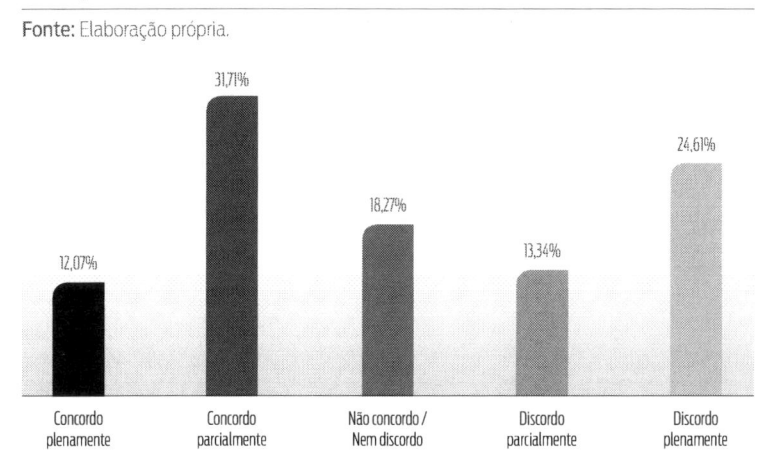

Fonte: Elaboração própria.

Concordo plenamente	Concordo parcialmente	Não concordo / Nem discordo	Discordo parcialmente	Discordo plenamente
12,07%	31,71%	18,27%	13,34%	24,61%

Na Pesquisa entre homens e mulheres no que se refere à disposição de compartilhar um imóvel ocioso, as mulheres possuem maior propensão em compartilhar. O somatório de quem respondeu "concordo plenamente" e "concordo parcialmente" para as mulheres foi de 45,79%, e para os homens foi de 41,62%.

No gráfico 16 a seguir, os resultados indicam uma leve tendência de quem tem nível de escolaridade superior ser mais receptivo ao compartilhamento de um imóvel de sua propriedade e ocioso.

Gráfico 16 – Sendo proprietário de um imóvel ocioso, você estaria disposto a compartilhá-lo x Nível de escolaridade

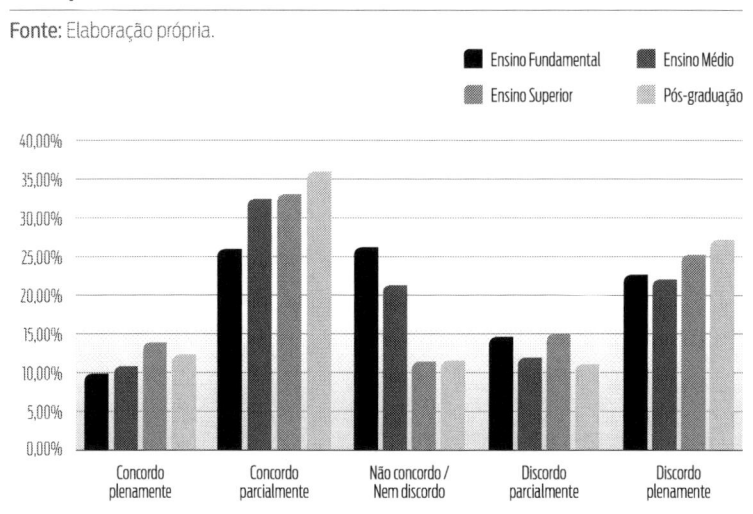

Fonte: Elaboração própria.

Interessante notar no gráfico 17 a seguir que, após a idade de 40 anos, a rejeição ao compartilhamento de um imóvel próprio ocioso aumenta muito, chegando a 48,33% entre as pessoas com "60 anos ou mais" que responderam "discordo plenamente". Os que possuem maior probabilidade em compartilhar são os que possuem entre 21 e 39 anos.

As pessoas com maior idade certamente continuam se utilizando das formas tradicionais de locação de imóvel ocioso: as imobiliárias e os corretores profissionais; sem se utilizarem das empresas da Economia Compartilhada, que operam através de aplicativos, nos *smartphones*, conectados pela internet.

Gráfico 17 – Sendo proprietário de um imóvel ocioso, você estaria disposto a compartilhá-lo x Idade

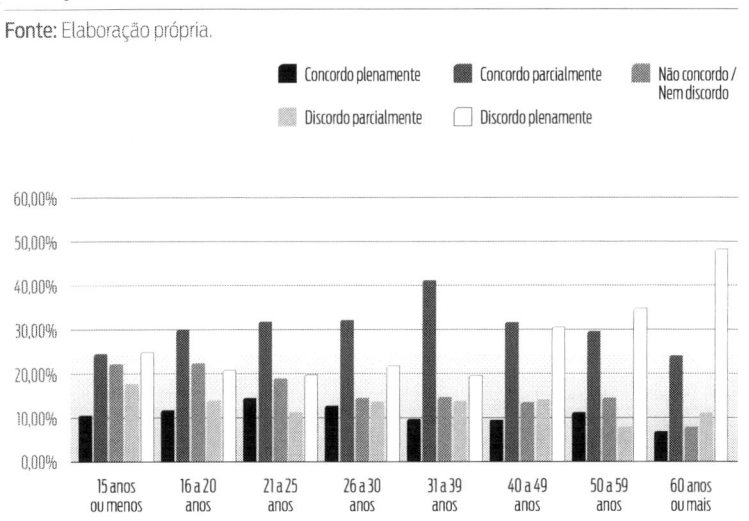

Fonte: Elaboração própria.

Com relação ao estado civil, os viúvos são os que possuem menos probabilidade de compartilhar um imóvel ocioso: somente 32% responderam "concordo plenamente" e "concordo parcialmente". Entre os casados e separados o resultado foi 44%, e entre os solteiros de 43%.

Como se pode ver no gráfico 18 a seguir, com relação à renda, percebe-se que as pessoas das Classes A e B possuem maior interesse em compartilhar um imóvel ocioso de sua propriedade. Responderam "concordo plenamente" e "concordo parcialmente" 52% das Classes A e B; 42% da Classe C; 45% da Classe D; e 42% da Classe E.

Gráfico 18 – Sendo proprietário de um imóvel ocioso, você estaria disposto a compartilhá-lo x Renda familiar mensal

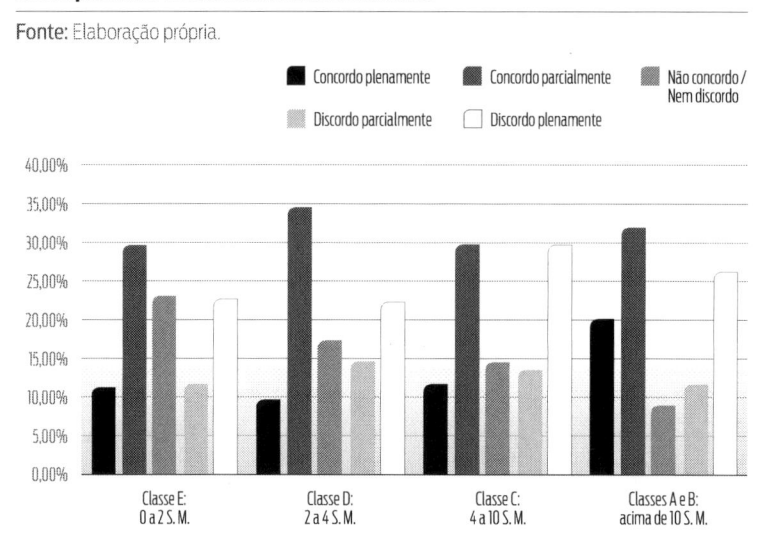

Fonte: Elaboração própria.

Segundo a Pesquisa, o compartilhamento de um imóvel ocioso tem sinalização favorável para 44% dos brasileiros; com mais probabilidade de compartilhamento para as mulheres, uma tendência para os que possuem nível de escolaridade superior, na maioria para os que possuem entre 21 e 39 anos e os que são das Classes A e B.

O compartilhamento do imóvel ocioso, cujos resultados apresentaram-se anteriormente certamente possui menor impacto na aproximação entre as pessoas que compartilham do que o tema da próxima pergunta: "Você compartilharia um quarto de sua casa/apartamento para um turista?" Para 42,92% das pessoas a resposta foi "sim" e 57,08% "não". Esse resultado indica que há uma grande dimensão de mercado para a Economia Compartilhada nesse setor, pois 43% das pessoas estão dispostas a compartilhar um quarto na sua própria casa/apartamento para um turista (ver gráfico 19).

Analisando o mercado de locação de imóveis de uma forma geral, essa possibilidade criada pelos aplicativos de locação amplia ainda mais os efeitos sobre o mercado de imóveis. Inclusive, essa possibilidade de alugar um quarto na casa/apartamento tem um efeito ainda maior nos negócios do setor do que a opção que analisamos anteriormente, que foi a locação de um imóvel ocioso.

Com relação ao imóvel ocioso, é possível listar os seguintes aspectos:

- Poucos são os brasileiros que possuem renda que podem ter, além do imóvel próprio, um imóvel ocioso;
- Aqueles que já possuíam um imóvel ocioso, mesmo antes da Economia Compartilhada, já se utilizavam dos corretores para

fazer com que seus imóveis gerassem renda. Ou seja, o que aconteceu no caso que analisamos anteriormente, no Gráfico 15, foi um incremento maior nas possibilidades de locação.

Já em relação ao compartilhamento de um quarto da casa/apartamento de uma pessoa para um turista (Gráfico 19), pode-se concluir que:

- Fazendo a análise, nota-se que isso não se configura como uma ampliação de mercado, e sim um novo mercado que surgiu;
- Essa possibilidade de compartilhamento através dos aplicativos da Economia Compartilhada mantém todas as vantagens já relatadas, sejam elas: segurança da receita, avaliação do possível locatário, publicidade mundial, facilidade de comunicação e praticidade de uso, registro das conversas, empresa especialista intermediando o negócio, dentre outras;
- Considerando o nível de renda da população brasileira, onde poucos são os que possuem mais de um imóvel – um para morar e outro para locar – a oferta disponível de um quarto no imóvel que a pessoa mora pode ser maior em relação ao imóvel ocioso. Ou seja, as pessoas que possuírem um quarto disponível no imóvel que moram podem fazer com que este espaço passe a gerar uma renda extra: uma oportunidade nova gerada pela Economia Compartilhada, aceita, segundo a Pesquisa, por 43% dos brasileiros.

Se na opção anterior, referente ao imóvel ocioso, os corretores estão sendo fortemente impactados, nesse caso, o compartilhamento de um quarto na casa/apartamento poderá impactar diretamente o setor hoteleiro. Nesse caso a maior vantagem competitiva para o quarto compartilhado, em comparação com a hospedagem em uma rede hoteleira, é a provável redução de custo para o hóspede.

Porém, como possível desvantagem para o quarto compartilhado, faz-se pensar imediatamente no desconforto que seria para o dono do imóvel receber, na sua própria casa/apartamento, um hóspede desconhecido, muitas vezes vindo de país com cultura diferente. Ou será que as pessoas que vivem o século XXI estão tratando essa questão também como uma das vantagens do compartilhamento? Os estudos teóricos indicam que sim.

Desta forma, pode-se ver a seguir o impacto em várias áreas do compartilhamento de um quarto na própria casa/apartamento:

- Com o impacto da concorrência do compartilhamento no setor hoteleiro, muitas redes hoteleiras podem deixar de construir novos prédios, impactando negativamente o setor de construção civil de grandes obras;
- Na questão urbanística, as cidades que, em alguns casos, possuem áreas com maior densidade de hotéis, podem ter a distribuição dos turistas para outros bairros, inclusive os tipicamente residenciais;
- Quando os turistas se distribuírem por áreas mais extensas das cidades, saindo das zonas hoteleiras e indo se hospedar em casas de moradores, o comércio que atende aos turistas (lanchonetes, restaurantes, lavanderias, *souvenires* etc.) tende também a se distribuir pelos espaços urbanos;
- Com o espalhamento dos turistas de forma mais equilibrada pela cidade, o impacto financeiro da receita do turismo, que

em algumas cidades é muito representativo, será distribuído para uma quantidade maior de comerciantes, socializando os resultados econômicos advindos do setor de turismo;

- Se os imóveis de várias regiões de uma determinada cidade, que antes não podiam gerar resultado financeiro, poderão gerar renda proveniente do turismo, isso criará um aumento do valor de mercado nos respectivos imóveis.
- Com o compartilhamento, os resultados financeiros gerados pelo setor de turismo podem ser socialmente mais distribuídos. Inclusive, o compartilhamento do quarto na casa/apartamento com os cidadãos moradores da própria cidade, implica que os recursos oriundos dessas locações tendem a ficar nas próprias cidades. Isso é diferente do cenário tradicional, onde os turistas se hospedam em hotéis cujos lucros, em alguns casos, pode ir para outra região, normalmente mais desenvolvida.
- A pessoa que possui um quarto ocioso em sua residência e que o disponibiliza para compartilhamento através dos aplicativos, pode inclusive não ter experiência anterior na atividade empresarial, mas passa a ser um concorrente do setor hoteleiro.

Um exemplo disso está acontecendo em Salvador (BA) que, pelo fato da canonização de Irmã Dulce como Santa Dulce dos Pobres, ocorrida em 13 de outubro de 2019, está gerando um movimento de Economia Compartilhada. O Serviço Brasileiro de Apoio às Micro e Pequenas Empresas (SEBRAE) e a Universidade Salvador (UNIFACS) fizeram uma parceria com a intenção de capacitar gratuitamente os proprietários de imóveis que se localizam nos bairros da região do Santuário de Santa Dulce dos Pobres e que queiram compartilhar com hóspedes turistas e romeiros um quarto em sua casa/apartamento.

Como podemos ver, a Economia Compartilhada é um movimento recente e os impactos na atividade empresarial e nos espaços urbanos estão apenas começando.

Gráfico 19 – Você compartilharia um quarto de sua casa/apartamento para um turista?

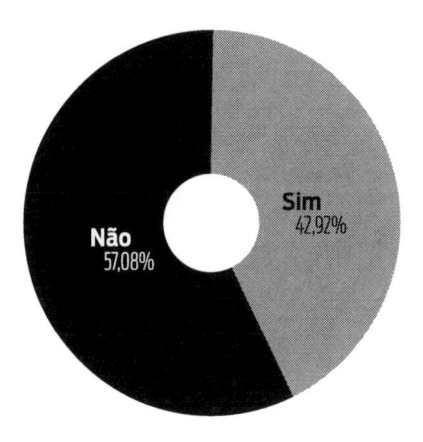

Fonte: Elaboração própria.

Não 57,08%
Sim 42,92%

Com relação ao compartilhamento de um quarto na casa/apartamento em que mora para um turista, as pessoas que disseram ser do sexo masculino têm maior probabilidade em compartilhar: 45,45% responderam "sim"; para o sexo feminino foi 40,55%.

Quando perguntamos se a pessoa aceita compartilhar um quarto na sua própria casa/apartamento – certamente um dos maiores graus de invasão da privacidade no compartilhamento – nesse caso inverte-se o cenário e as pessoas que possuem maior nível de escolaridade possuem menos interesse em compartilhar. Com mais probabilidade em compartilhar quem tem "ensino médio completo", com 46,73%; e quem tem menos probabilidade com pós-graduação completa: 38,08% (ver gráfico 20).

Gráfico 20 – Você compartilharia um quarto de sua casa/apartamento para um turista? x Nível de escolaridade

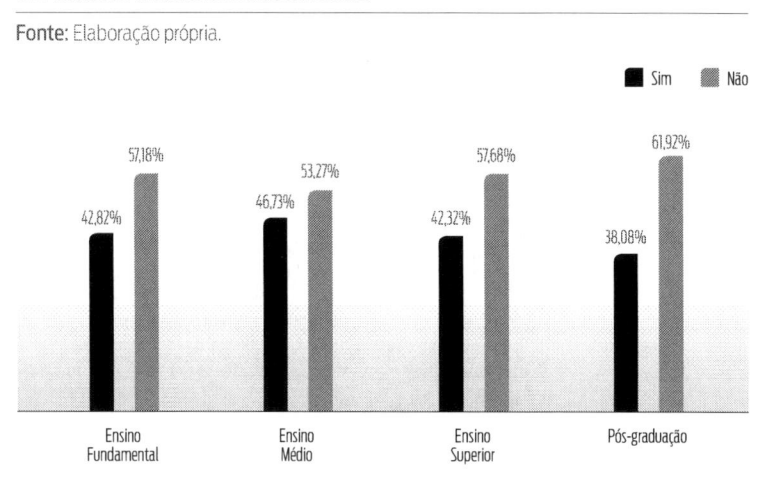

Fonte: Elaboração própria.

Notou-se ainda que as pessoas com idade inferior a 30 anos possuem uma maior propensão ao compartilhamento do quarto de sua casa/apartamento para um turista. A faixa de idade que tem menos interesse em compartilhar é entre 40 e 49 anos, com 66,32% das respostas indicando que não aceitariam compartilhar um quarto de sua casa para um turista (ver gráfico 21).

Esse resultado, que revela que os mais jovens estão mais propensos a compartilhar um quarto na sua própria casa/apartamento, está de acordo com o estudo teórico deste estudo. O compartilhamento do próprio imóvel possui um dos maiores graus de invasão de privacidade, fato positivo para as novas gerações, que querem viver experiências, porém ainda não tão aceito pelas pessoas de maior idade.

Gráfico 21 – Você compartilharia um quarto de sua casa/apartamento para um turista? x Idade

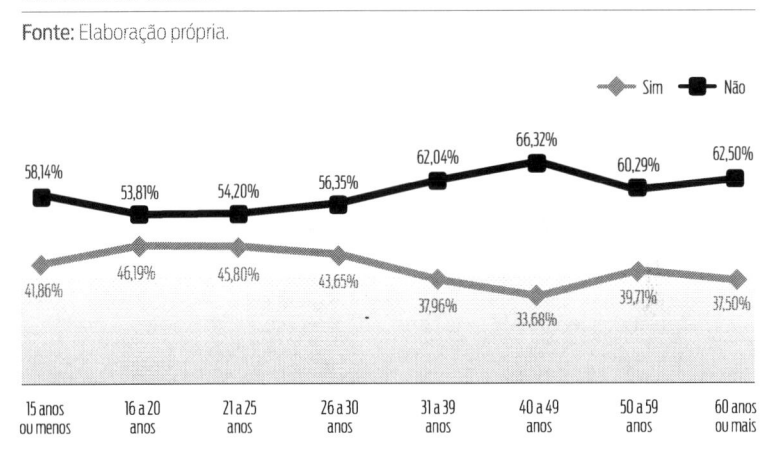

Fonte: Elaboração própria.

Idade	Sim	Não
15 anos ou menos	41,86%	58,14%
16 a 20 anos	46,19%	53,81%
21 a 25 anos	45,80%	54,20%
26 a 30 anos	43,65%	56,35%
31 a 39 anos	37,96%	62,04%
40 a 49 anos	33,68%	66,32%
50 a 59 anos	39,71%	60,29%
60 anos ou mais	37,50%	62,50%

Cerca de 66% dos casados afirmaram que não compartilhariam um quarto da sua casa com um turista. Os viúvos, divorciados e solteiros apresentam resultados próximos e possuem mais interesse em compartilhar: 50%, 55% e 53% respectivamente (ver gráfico 22).

O fato dos viúvos, divorciados e solteiros terem mais interesse em compartilhar um quarto em sua casa/apartamento para um turista em relação aos casados tem uma lógica social, e também reforça a parte teórica deste trabalho, onde ficou evidente que a Economia Compartilhada tem como característica, na maioria dos casos, a aproximação entre as pessoas.

Gráfico 22 – Você compartilharia um quarto de sua casa/apartamento para um turista? x Estado civil

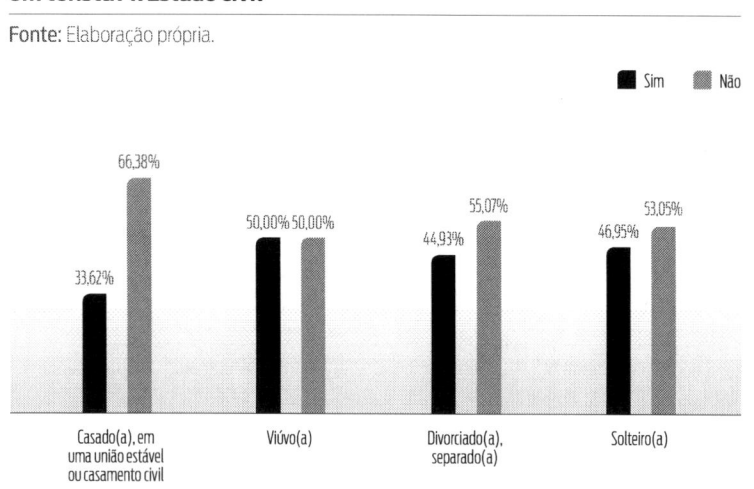

Fonte: Elaboração própria.

Estado civil	Sim	Não
Casado(a), em uma união estável ou casamento civil	33,62%	66,38%
Viúvo(a)	50,00%	50,00%
Divorciado(a), separado(a)	44,93%	55,07%
Solteiro(a)	46,95%	53,05%

A Classe D foi a que mais demonstrou a possibilidade de compartilhar um quarto de sua casa/apartamento para um turista (46,89%), seguida da Classe E com 41,44%. As Classes A, B, e C tiveram praticamente os mesmos resultados: 39,83% e 39,74% respectivamente. A Economia Compartilhada tem como uma das funções o ganho financeiro: dessa forma, o fato de as Classes D e E terem maior interesse em compartilhar um quarto da sua casa/apartamento pode refletir o desejo de um ganho de renda extra decorrente do compartilhamento (ver gráfico 23).

O fato de a Classe E ter menos interesse em compartilhar do que a Classe D não tem explicação financeira, porém pode ter uma explicação urbanística e imobiliária: os imóveis habitados pelos brasileiros da Classe E, infelizmente, são situados em locais de pouco interesse de locação para os turistas e, certamente, poucos são os imóveis que devem ter espaço interno ocioso para receber mais pessoas.

Gráfico 23 – Você compartilharia um quarto de sua casa/apartamento para um turista? x Renda familiar mensal

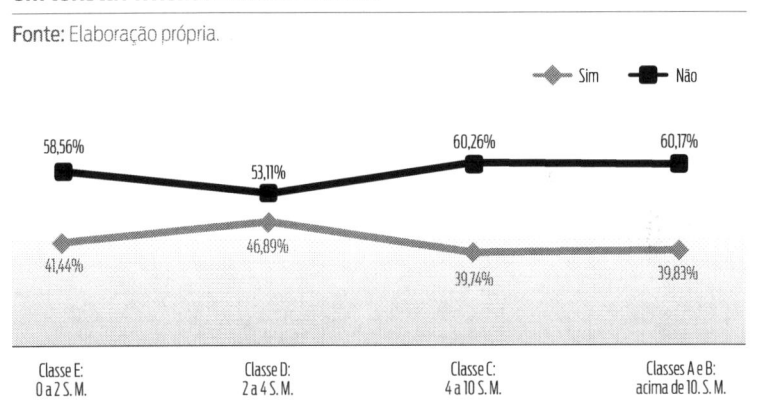

Fonte: Elaboração própria.

◆ Sim ■ Não

	Classe E: 0 a 2 S.M.	Classe D: 2 a 4 S.M.	Classe C: 4 a 10 S.M.	Classes A e B: acima de 10. S.M.
Não	58,56%	53,11%	60,26%	60,17%
Sim	41,44%	46,89%	39,74%	39,83%

Essa Pesquisa pelo *Facebook* sobre Economia Compartilhada foi realizada entre os dias 20 e 26 de novembro de 2018, período em que o Brasil e outros países da América Latina estavam recebendo refugiados venezuelanos, por conta da crise institucional e humanitária por que passava a Venezuela.

O estado brasileiro mais impactado com a crise na Venezuela foi o de Roraima, tendo recebido mais de 20 mil refugiados venezuelanos até o momento em que se estava realizadando essa Pesquisa, conforme informa o site da Organização das Nações Unidas (ONU).

> Centros de registros e identificação atendem mais de 20 mil venezuelanos em Roraima... Para fortalecer a resposta liderada pelo governo federal e tornar mais eficaz a coordenação entre os diferentes atores humanitários presentes em Roraima, dois centros públicos de registro e documentação estão em pleno funcionamento no estado: um em Pacaraima, na fronteira com a Venezuela, e outro em Boa Vista, capital roraimense... obtendo documentos fundamentais (como Carteira de Trabalho e CPF) e recebendo orientação sobre o encaminhamento de pedidos de refúgio ou de residência temporária junto às autoridades brasileiras (ONU BRASIL, 2018, p.02).

Como podemos ver na matéria publicada pela ONU, uma das questões que precisa ser equacionada nesse caso dos refugiados venezuelanos é a da "residência temporária", questão tratada especificamente nessa pergunta onde questionamos o entrevistado sobre a possibilidade de ele receber em um quarto de sua casa/apartamento uma pessoa.

Pelos resultados coletados podemos perceber que o estado de Roraima foi o que teve o menor percentual entre todos os estados brasileiros para a resposta "sim": 14% (ver gráfico 24). Não bastasse ser o menor resultado para o compartilhamento de habitação, o segundo menor possui resultado bem superior: 30% para o Acre; a média entre todos os estados neste caso foi de 43% (ver gráfico 19). O estado que teve maior resultado para o compartilhamento de um quarto na própria casa/apartamento do entrevistado foi o do Maranhão com 55% (ver gráfico 24).

Esse resultado negativo para o compartilhamento de um quarto de sua casa/apartamento para o estado de Roraima confirma o que será apresentado mais a frente sobre confiança, onde fica atestado que em um ambiente social inseguro se reduz a possibilidade de compartilhamento. Registra-se também a coerência dos resultados desta Pesquisa que teve o seu questionário respondido pelo *Facebook*.

Gráfico 24 – Você compartilharia um quarto de sua casa/apartamento para um turista? x Em que estado brasileiro você mora?

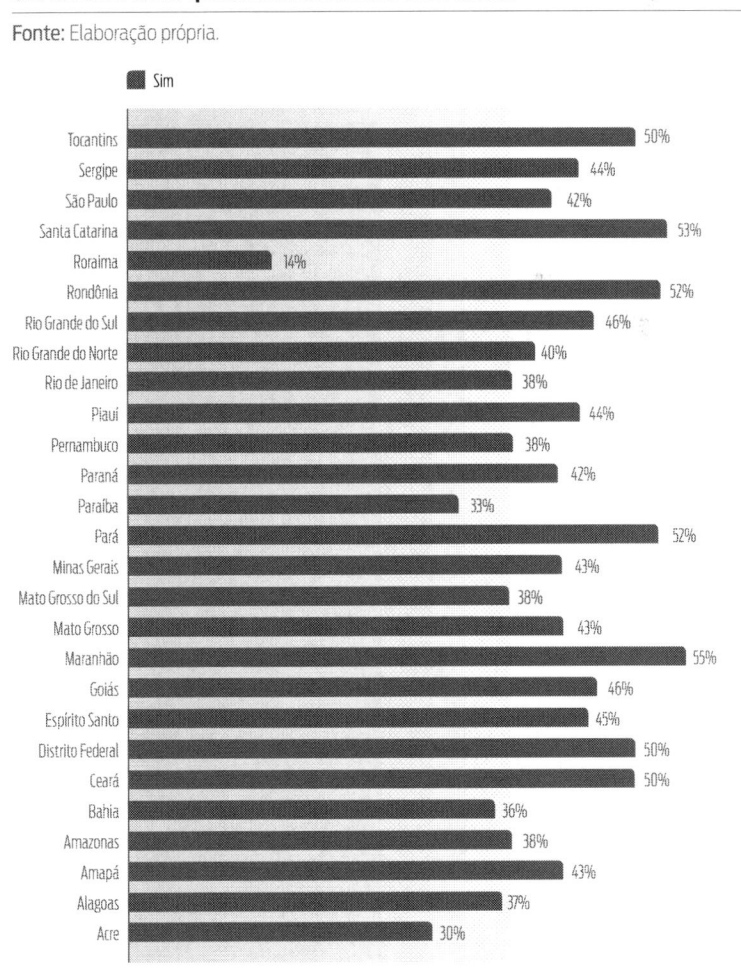

Fonte: Elaboração própria.

Estado	Sim
Tocantins	50%
Sergipe	44%
São Paulo	42%
Santa Catarina	53%
Roraima	14%
Rondônia	52%
Rio Grande do Sul	46%
Rio Grande do Norte	40%
Rio de Janeiro	38%
Piauí	44%
Pernambuco	38%
Paraná	42%
Paraíba	33%
Pará	52%
Minas Gerais	43%
Mato Grosso do Sul	38%
Mato Grosso	43%
Maranhão	55%
Goiás	46%
Espírito Santo	45%
Distrito Federal	50%
Ceará	50%
Bahia	36%
Amazonas	38%
Amapá	43%
Alagoas	37%
Acre	30%

Quando analisamos os resultados por regiões brasileiras para o compartilhamento de um quarto na casa/apartamento do entrevistado para um turista, concluímos que os moradores das Regiões Norte, Sul e Centro-Oeste, 46%, 46% e 45% para "sim", respectivamente, possuem maior probabilidade de compartilhar do que os das regiões Nordeste e Sudeste, 42% e 41% respectivamente. Pode-se notar que o caso específico de Roraima pouco influenciou no resultado das regiões (ver gráfico 25).

Gráfico 25 – Você compartilharia um quarto de sua casa/apartamento para um turista? x Por Região brasileira

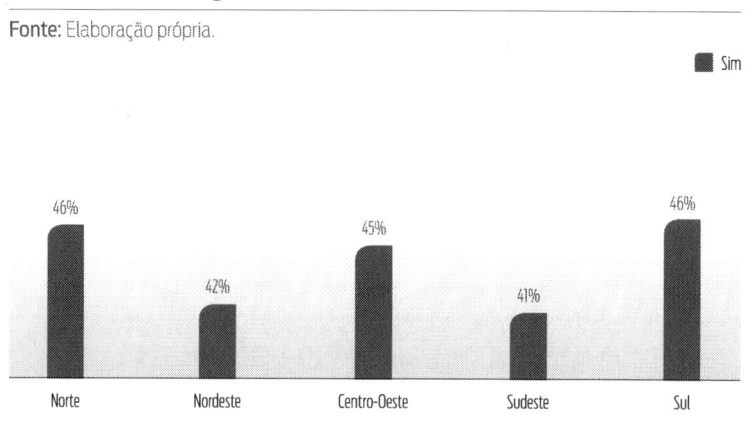

Fonte: Elaboração própria.

■ Sim

Região	Sim
Norte	46%
Nordeste	42%
Centro-Oeste	45%
Sudeste	41%
Sul	46%

Tal como na pergunta anterior, é possível perceber que as pessoas mais dispostas a compartilhar um quarto da sua casa/apartamento para um turista são também aquelas que comungam de certos valores. Esses indivíduos estão mais dispostos a mudar o estilo de vida para colaborar com o meio ambiente. Os dados revelam que 51,57% das pessoas dispostas a compartilhar um quarto disseram estar "extremamente dispostas" a mudar seu estilo de vida para colaborar com as questões ambientais, enquanto que apenas 23,08% disseram estar "nada disposto".

Ademais, 48,03% dos que têm interessem em compartilhar um quarto de sua casa/apartamento para um turista responderam "concordo plenamente" com a afirmação de que uma sociedade mais justa e solidária é importante, enquanto que 34,69% responderam "discordo plenamente".

Nota-se que 60,16% daquelas pessoas dispostas a compartilhar um quarto responderam que "a maioria das pessoas é de confiança", enquanto os que responderam "é preciso ter cuidado ao lidar com elas" representaram 40,88%.

Quando o compartilhamento atinge o seu maior grau de invasão de privacidade, no caso de um turista ocupar um quarto da casa/apartamento da pessoa, achar que "a maioria das pessoas é de confiança" amplia a possibilidade de compartilhamento. Mais uma vez a confiança nas pessoas está vinculada diretamente ao interesse de compartilhar. Esse resultado demonstra que o Brasil poderá ter crescimento da Economia Compartilhada em ritmo inferior a vários outros países, por conta dos baixos resultados em pesquisas que avaliam o grau de confiança entre as pessoas, tal como vimos no estudo teórico.

Após a análise dos resultados da pesquisa com relação à intenção de um cidadão compartilhar um quarto de sua própria casa/apartamento para um turista, podemos traçar o seguinte perfil do consumidor com maior propensão a esse tipo de compartilhamento: de sexo masculino; de ensino médio completo; com idade inferior a 30 anos; os viúvos, divorciados, separados e solteiros; da Classe D; que moram nas regiões Norte, Sul e Centro-Oeste, que aceitam mudar o estilo de vida para colaborar com o meio ambiente; os que consideram importante viver em uma sociedade mais solidária e justa; e os que confiam mais nas pessoas.

A próxima pergunta quer saber se o turista está propenso a utilizar o compartilhamento de uma habitação nas suas viagens, e se a condição para compartilhar é somente com a redução de custo.

Pelos resultados obtidos, parece que a Economia Compartilhada precisa oferecer um serviço mais barato do que o consumo convencional para que ela tenha volume de negócios: apenas 4,50% das pessoas ficam em imóvel compartilhado independente do preço, enquanto que 34,49% dos entrevistados responderam que compartilhariam se houvesse uma redução de preço. Ou seja, com a redução de preço o mercado para o compartilhamento de habitação, estando o consumidor na condição de turista, se amplia de 4,5% para 38,99% (ver gráfico 26).

Registra-se que esses resultados da Pesquisa estão alinhados com os estudos teóricos que informou que a Economia Compartilhada se ampliou para reduzir os custos das pessoas que gostariam de continuar consumindo, mas tiveram as suas receitas reduzidas por conta da crise financeira global de 2007-2008.

Gráfico 26 – Na condição de turista, qual opção você preferiria?

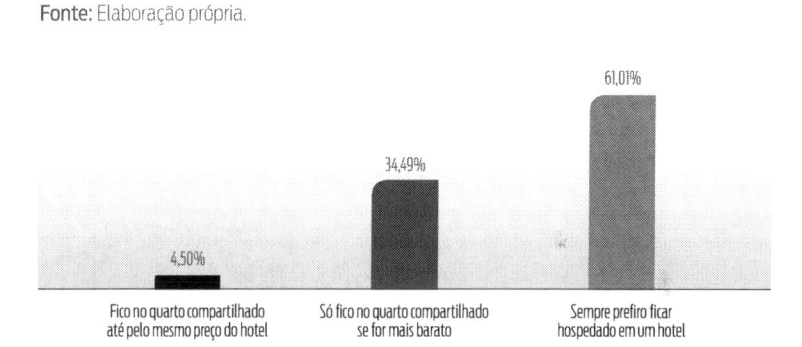

Fonte: Elaboração própria.

Opção	Percentual
Fico no quarto compartilhado até pelo mesmo preço do hotel	4,50%
Só fico no quarto compartilhado se for mais barato	34,49%
Sempre prefiro ficar hospedado em um hotel	61,01%

Foi possível notar que um percentual maior de mulheres sempre prefere ficar hospedada em um hotel: 63,66%; enquanto que o número para homens é de 58,20%. Talvez isso tenha relação com a sensação de insegurança do quarto compartilhado. Em relação a ficar no quarto compartilhado até pelo mesmo preço do hotel houve praticamente o mesmo resultado entre homens e mulheres: 4,54% e 4,42%, respectivamente, ou seja, a redução do preço do produto da Economia Compartilhada tem que acontecer para ambos os sexos.

Com relação ao nível educacional, o compartilhamento de habitação na condição de turista indicou os seguintes resultados para a possibilidade com redução de custo: os que possuem "ensino médio completo" são os que têm maior probabilidade de compartilhar, com

43,20%; seguido por quem tem "ensino superior completo" com 39,15%; "ensino fundamental completo" 34,59%; e "pós-graduação completa" com 29,51% (ver gráfico 27).

Registra-se que em todos os casos a redução de custo é importante para o desejo de compartilhar.

Gráfico 27 – Na condição de turista, qual a opção você preferirira? x Nível de escolaridade

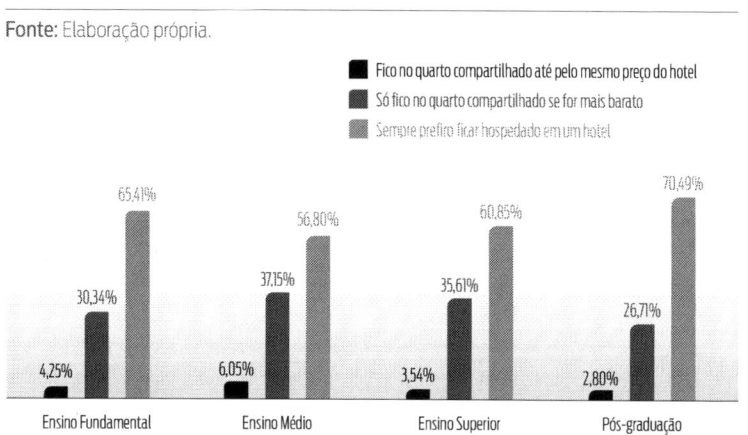

Fonte: Elaboração própria.

- Fico no quarto compartilhado até pelo mesmo preço do hotel
- Só fico no quarto compartilhado se for mais barato
- Sempre prefiro ficar hospedado em um hotel

	Ensino Fundamental	Ensino Médio	Ensino Superior	Pós-graduação
Fico no quarto compartilhado até pelo mesmo preço do hotel	4,25%	6,05%	3,54%	2,80%
Só fico no quarto compartilhado se for mais barato	30,34%	37,15%	35,61%	26,71%
Sempre prefiro ficar hospedado em um hotel	65,41%	56,80%	60,85%	70,49%

Em grandes linhas, nota-se que a maioria das pessoas respondeu que só concorda em compartilhar se houver um preço mais barato. Ou seja, pelo mesmo preço preferem ir para um hotel.

Ademais, os mais interessados em ficar em um quarto compartilhado possuem idades entre 16 e 39 anos, com maior interesse para aqueles entre 21 e 25 anos com 40,00%, enquanto que os com "60 anos ou mais" são 16,81%. Talvez os jovens, na condição de turista, estejam à procura de novas "experiências"; portanto, esse é um resultado que está em sintonia com os estudos teóricos.

Com relação à renda familiar média, os pesquisados com maior probabilidade de compartilhar são os das Classes D e E, também alinhados com os estudos teóricos.

No gráfico 28 a seguir notou-se que os casados são os que menos têm interesse em se hospedar em habitações compartilhadas: 69,15%; e os solteiros são os que mais têm interesse em compartilhar uma habitação na condição de turista e com redução de custo: 43,34%. Em posições intermediárias estão os viúvos e os divorciados e separados com 35,00% e 33,34% respectivamente, na intenção de compartilhar também com redução de custo. Há uma lógica social nesses resultados: os casados tendem a desejar mais privacidade do que os solteiros, divorciados, separados ou viúvos (ver gráfico 28).

Gráfico 28 – Na condição de turista, qual a opção você preferiria? x Estado Civil

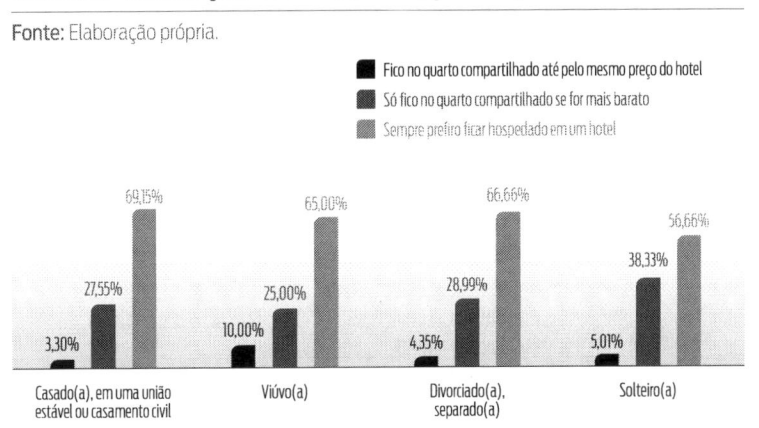

Fonte: Elaboração própria.

- Fico no quarto compartilhado até pelo mesmo preço do hotel
- Só fico no quarto compartilhado se for mais barato
- Sempre prefiro ficar hospedado em um hotel

Estado Civil	Fico no quarto compartilhado até pelo mesmo preço do hotel	Só fico no quarto compartilhado se for mais barato	Sempre prefiro ficar hospedado em um hotel
Casado(a), em uma união estável ou casamento civil	3,30%	27,55%	69,15%
Viúvo(a)	10,00%	25,00%	65,00%
Divorciado(a), separado(a)	4,35%	28,99%	66,66%
Solteiro(a)	5,01%	38,33%	56,66%

A média entre os pesquisados que responderam "sempre prefiro ficar hospedado em um hotel" foi de 61% (ver gráfico 26). Os estados brasileiros que mais ficaram abaixo dessa média foram os seguintes: Rondônia com 48%; Maranhão com 49%; e Tocantins e Amapá com

50%. E os estados brasileiros onde a população tem menor propensão ao compartilhamento na condição de turista são: Amazonas com 76%; Mato Grosso com 74%; e Roraima com 71%, registrando que o percentual de Roraima pode ter sofrido influência para maior por causa dos refugiados venezuelanos, como já vimos anteriormente (ver gráfico 29).

Gráfico 29 – Na condição de turista, qual opção você preferiria? Em que estado brasileiro você mora?

Fonte: Elaboração própria.

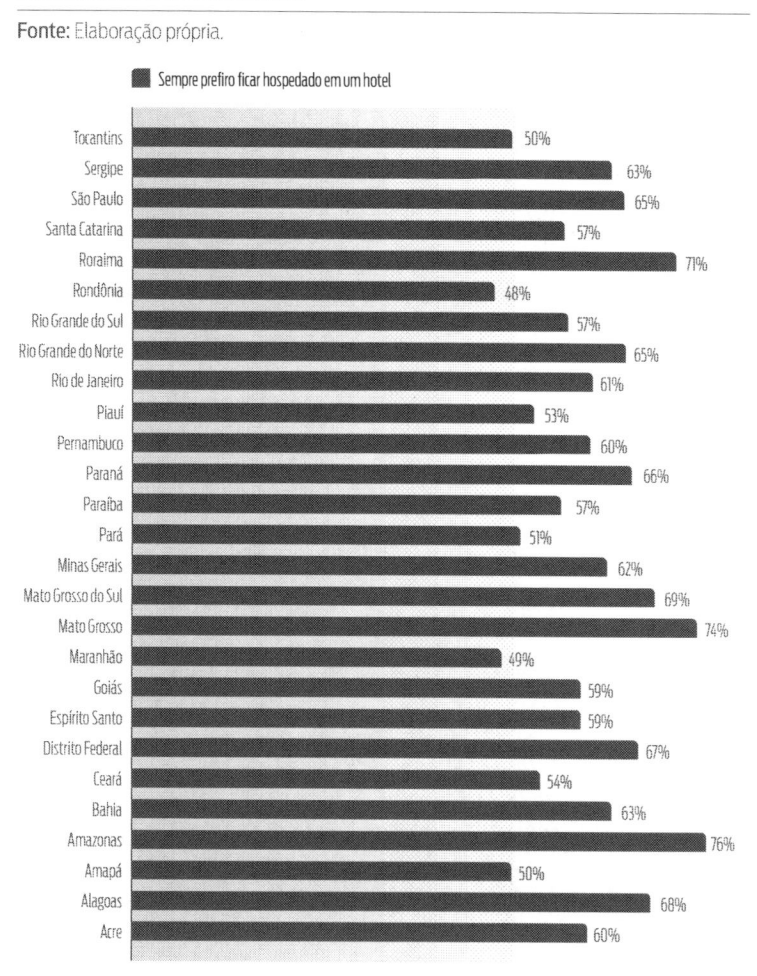

■ Sempre prefiro ficar hospedado em um hotel

Estado	%
Tocantins	50%
Sergipe	63%
São Paulo	65%
Santa Catarina	57%
Roraima	71%
Rondônia	48%
Rio Grande do Sul	57%
Rio Grande do Norte	65%
Rio de Janeiro	61%
Piauí	53%
Pernambuco	60%
Paraná	66%
Paraíba	57%
Pará	51%
Minas Gerais	62%
Mato Grosso do Sul	69%
Mato Grosso	74%
Maranhão	49%
Goiás	59%
Espírito Santo	59%
Distrito Federal	67%
Ceará	54%
Bahia	63%
Amazonas	76%
Amapá	50%
Alagoas	68%
Acre	60%

Entre as regiões brasileiras, as que possuem menor propensão em compartilhar na condição de turista são a Centro-Oeste com 65%, seguida pela Sudeste com 63% (ver gráfico 30).

A Região Norte, onde fica localizado o estado de Roraima, também nesse cenário em que se analisa por Região, não foi impactada negativamente, estando com o percentual que indica uma maior probabilidade ao compartilhamento.

Gráfico 30 – Na condição de turista, qual opção você preferiria? Por Região brasileira

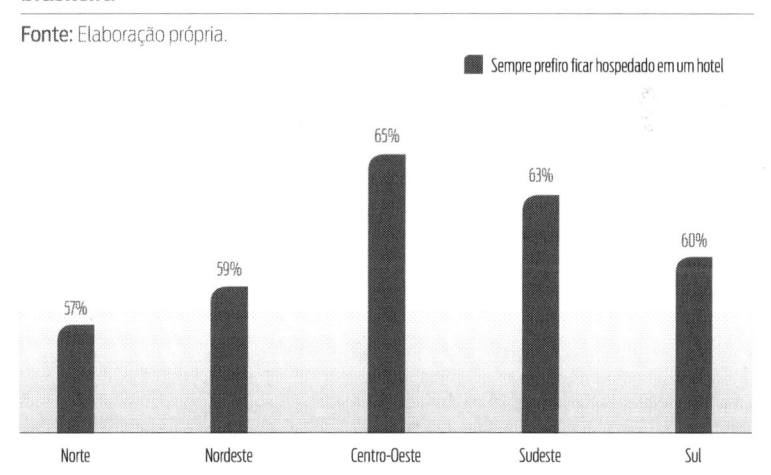

Fonte: Elaboração própria.

■ Sempre prefiro ficar hospedado em um hotel

- Norte: 57%
- Nordeste: 59%
- Centro-Oeste: 65%
- Sudeste: 63%
- Sul: 60%

Conforme se pode observar na Pesquisa, quem tem menos recursos está mais propenso a ocupar um quarto compartilhado do que ir para um hotel: Classe E com 36,07%; Classe D com 36,84%; Classe C com 29,29%; e Classes A e B com 28,39%.

Quem está disposto a mudar o seu estilo de vida para colaborar com o meio ambiente possui maior probabilidade de ocupar um quarto compartilhado na condição de turista: 41,93% para o compartilhamento com a preocupação com o meio ambiente e 20,51% sem a preocupação com o meio ambiente.

Com relação a viver em uma sociedade mais solidária e justa, possui maior probabilidade de compartilhamento os que responderam "concordo plenamente": 42,35%; os que disseram "discordo plenamente" foram 30,61%.

Nesse mesmo cenário, as pessoas que responderam "a maioria das pessoas é de confiança" foi 47,01%; enquanto os que responderam "é preciso ter cuidado ao lidar com elas" foi de 38,05%.

Em suma, pode-se afirmar que a redução do valor é condição importante para o cidadão aderir ao compartilhamento, confirmando os estudos teóricos. Questões como colaborar com o meio ambiente, viver em uma sociedade mais solidária e justa, e a realização de novas experiências como a convivência maior entre pessoas, podem se tornar secundárias se o preço não for inferior com o compartilhamento. Conforme foi apresentado, somente 4,50% das pessoas estão dispostas a usar um quarto compartilhado se ele tiver no mesmo preço que um quarto de hotel. Porém, se o quarto compartilhado estiver mais barato, 39% optarão por ele; isso representa um aumento do mercado de 766%.

Por fim, o consumidor com maior propensão a compartilhar um quarto na casa/apartamento de terceiros na condição de turista tem o seguinte perfil: quer reduzir o custo da hospedagem; é do sexo masculino; possui ensino médio completo ou ensino superior completo; tem entre 21 e 25 anos; é solteiro, divorciado, separado ou viúvo; e é da Região Norte; pertence às Classes D ou E; está disposto a mudar o estilo de vida para colaborar com o meio ambiente; considera importante viver em uma sociedade mais solidária e justa; e está entre os que consideram a maioria das pessoas de confiança.

4.5.3 A propriedade

Uma importante mudança que a Economia Compartilhada causa no sistema econômico atual é a redução da necessidade de ter a propriedade do bem para poder consumi-lo. Para esclarecer esse assunto, perguntamos se a pessoa aceita não ser dona de um determinado produto desde que possa utilizar o mesmo produto de outra pessoa. Foi apresentada uma frase para que as pessoas dissessem se concordam com ela: "Você não faz questão de ser dono de um determinado produto, desde que você possa utilizá-lo". Considerando os que responderam "concordo plenamente" mais "concordo parcialmente" temos um total de 56,91% das pessoas. Na posição oposta, ou seja, as pessoas que consideram a propriedade do bem importante, responderam "discordo plenamente" e "discordo parcialmente" um total de 24,35% (ver gráfico 31).

Esse resultado demonstra que uma das bases da Economia Compartilhada não será impedimento para o seu crescimento no Brasil. Como muitas pessoas não fazem questão de ser donas dos bens, isto poderia gerar uma redução na produção, pois elas deixam de adquirir os produtos, como vimos no item **3.2.1 Os impactos na**

produção, gerando um ganho ambiental para a sociedade, assunto tratado no item **3.2.2 O meio ambiente e o consumo ético**.

Gráfico 31 – Você não faz questão de ser dono de um determinado produto, desde que você possa utilizá-lo

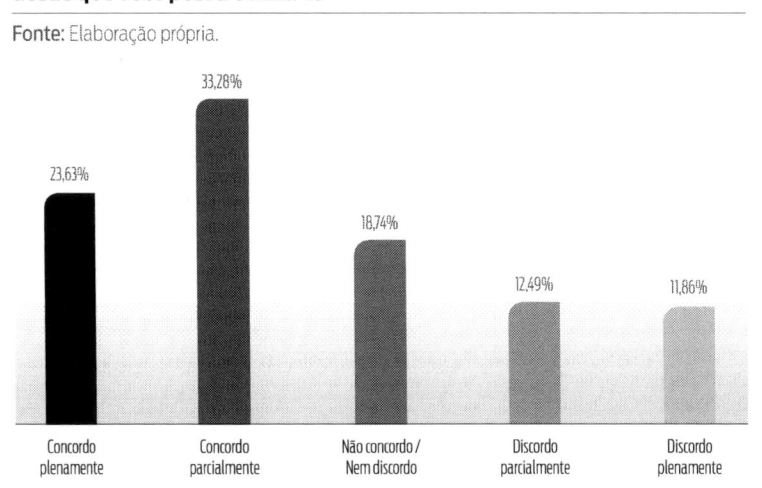

Fonte: Elaboração própria.

Concordo plenamente	Concordo parcialmente	Não concordo / Nem discordo	Discordo parcialmente	Discordo plenamente
23,63%	33,28%	18,74%	12,49%	11,86%

Foi possível perceber que 62,94% das mulheres responderam "concordo plenamente" e "concordo parcialmente" para a pergunta de não fazer questão de ser dona de um determinado produto, desde que possa utilizá-lo, enquanto que para os homens este resultado foi de 50,56%. Isso representa uma diferença considerável em favor das mulheres compartilharem no que diz respeito à propriedade.

Verificou-se, também, que quem possui maior nível de escolaridade dá menos importância à posse. Ou seja, 73,21% dos que disseram possuir "pós-graduação completa" responderam "concordo plenamente" e "concordo parcialmente" com a frase em questão; com "ensino superior completo" foram 55,04%; "ensino médio completo" 55,04%; e "ensino fundamental completo" 46,40%.

Com relação à idade, os resultados foram os seguintes: 0 a 15 anos com 43%; 16 a 20 anos com 46%; 21 a 25 anos com 56%; 26 a 30 anos com 64%; 31 a 39 anos com 64%; 40 a 49 anos com 68%; 50 a 59 anos com 69%; e, com mais de 60 anos com 65% para a resposta concordo plenamente e parcialmente em não ser dono de um determinado produto.

Com relação à propriedade de um determinado produto e o estado civil dos entrevistados os resultados foram os seguintes: casados, em uma união estável ou em um casamento civil com 64% para os que responderam "concordam plenamente" e "concordam parcialmente" em não fazer questão de ser dono de um determinado produto, desde que posso utilizá-lo; com os divorciados ou separados o resultado foi 63%; os viúvos com 59%; e os solteiros com 53%.

Os resultados também indicam que uma renda maior faz com que a pessoa tenha mais propensão ao compartilhamento de um determinado produto ao invés de ser proprietário: as pessoas das Classes A e B, que responderam "concordo plenamente" e "concordo parcialmente", totalizam 61,01%; Classe C com 58,15%; Classe D com 57,67%; e Classe E com 54,70%.

Observou-se que quem está disposto a mudar o seu estilo de vida para colaborar com o meio ambiente tem uma tendência maior a não fazer questão de ser dono de um determinado produto, desde que possa utilizá-lo. Da mesma forma, para os que confiam mais nos outros, também são aquelas que não consideram importante ser proprietário de um determinado produto.

Fazendo uma análise geral com relação à propriedade, pode-se dizer que os que dão menos importância à propriedade e que, consequentemente, possuem maior probabilidade de compartilhar, se enquadram no seguinte perfil: são do sexo feminino; possuem maior nível de escolaridade; têm idade superior a 40 anos; são os casados ou separados; das Classes A e B; estão dispostos a mudar o estilo de vida para colaborar com o meio ambiente; e confiam mais nas pessoas.

4.5.4 O meio ambiente

Compartilhar um produto significa, em alguns setores, a redução da produção, o que pode impactar positivamente no meio ambiente, conforme já exposto nos itens **3.2.1 Os impactos na produção** e **3.2.2 O meio ambiente e o consumo ético**. Na pergunta: "você está disposto a mudar o seu estilo de vida para colaborar com o meio ambiente?", queremos saber o impacto da preocupação com o meio ambiente na disposição do cidadão compartilhar. Entre os entrevistados, 58,63% responderam "extremamente disposto" e "muito disposto". Isso indica que o meio ambiente pode ser um dos fatores para estimular o aumento do compartilhamento no Brasil (ver gráfico 32).

Gráfico 32 – Você está disposto a mudar o seu estilo de vida para colaborar com o meio ambiente?

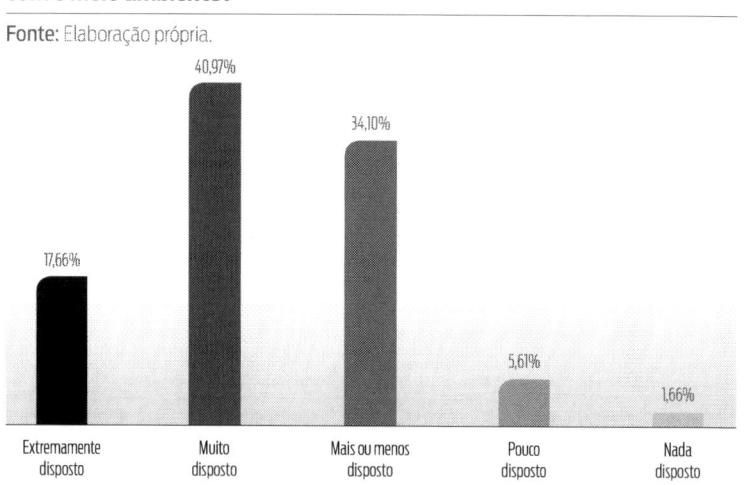

Fonte: Elaboração própria.

Categoria	Percentual
Extremamente disposto	17,66%
Muito disposto	40,97%
Mais ou menos disposto	34,10%
Pouco disposto	5,61%
Nada disposto	1,66%

As mulheres estão mais dispostas a mudar seu estilo de vida para colaborar com o meio ambiente: 65,16% delas responderam "extremamente disposta" e "muito disposta", ao passo que 51,62% dos homens deram essa mesma resposta.

As pessoas da classe E são aquelas com maior disposição para mudar o estilo de vida para colaborar com o meio ambiente. Nesse caso as classes que possuem mais renda e que provavelmente consomem mais produtos e serviços são as que menos têm interesse em mudar o estilo de vida para colaborar com o meio ambiente, tal como mostra o gráfico 33 a seguir.

Gráfico 33 – Você está disposto a mudar o seu estilo de vida para colaborar com o meio ambiente? x Renda familiar mensal

Fonte: Elaboração própria.

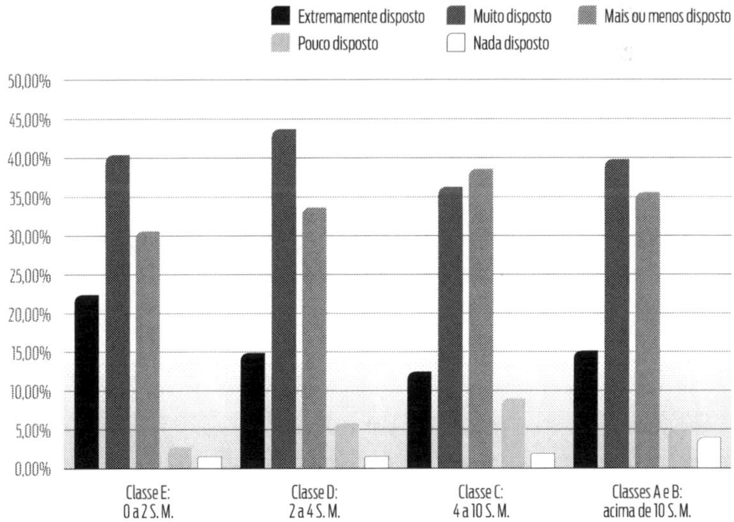

A Pesquisa também indicou que as pessoas mais dispostas a mudar o seu estilo de vida para colaborar com o meio ambiente são as que possuem pós-graduação completa, têm entre 40 e 59 anos e, na questão do estado civil, existe um equilíbrio entre todas as opções.

Considerando os efeitos positivos do compartilhamento ao meio ambiente e o resultado dessa Pesquisa, que indica que 59% das pessoas possuem disposição em mudar o estilo de vida para colaborar com o meio ambiente, é importante registrar que há um grande mercado consumidor com essas características e que se amplia ainda mais se o produto ou serviço for direcionado para as pessoas do sexo feminino: 65%; e da Classe E: 64%.

4.5.5 A solidariedade

A Economia Compartilhada permite que pessoas com menos recursos financeiros acessem produtos que, antes da existência do compartilhamento, não poderiam acessar. Dessa forma, haverá uma distribuição do consumo mais equilibrada e menos desigual. Para tratar desse tema, uma das questões pede que as pessoas digam se concordam com a seguinte frase: "Uma sociedade mais solidária e justa é importante para você". As pessoas que responderam "concordo plenamente" e "concordo parcialmente" foram um total de 90,30% (ver gráfico 34).

Gráfico 34 – Uma sociedade mais solidária e justa é importante para você

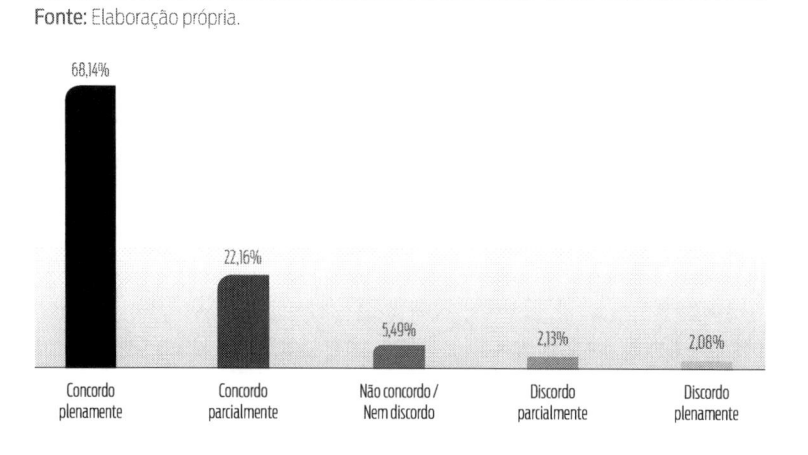

Fonte: Elaboração própria.

Resposta	%
Concordo plenamente	68,14%
Concordo parcialmente	22,16%
Não concordo / Nem discordo	5,49%
Discordo parcialmente	2,13%
Discordo plenamente	2,08%

As mulheres se mantêm na vanguarda e 76,31% delas disseram concordar plenamente com aquela afirmação, ao passo que esta foi a resposta de 59,35% dos homens.

Nessa questão, sobre a importância de termos uma sociedade mais solidária e justa, houve grande equilíbrio entre todas as classes sociais, com uma pequena vantagem positiva para a Classe E com 92,22%, considerando a soma das respostas concordo plenamente e parcialmente; Classe D com 89,92%; Classe C com 87,10%; e Classes A e B com 90,68% (ver gráfico 35).

A Classe E, que na questão ambiental apresentou maior interesse em colaborar, nessa questão da importância de viver em uma sociedade mais solidária e justa, também apresenta resultado favorável.

Gráfico 35 – Uma sociedade mais solidária e justa é importante para você x Renda familiar mensal

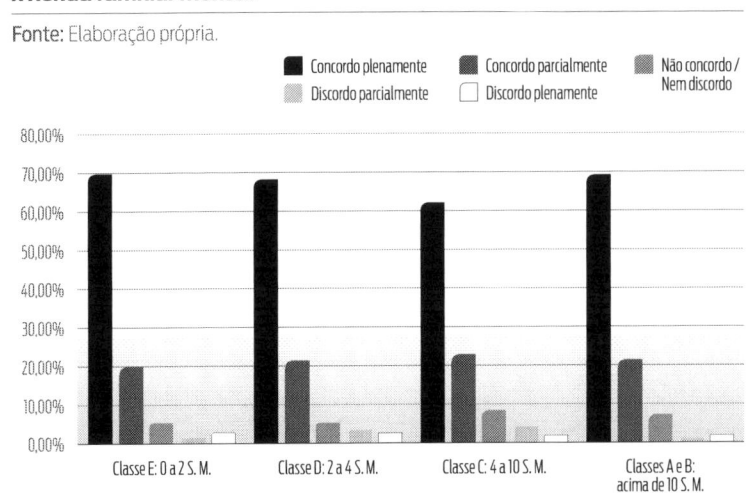

Fonte: Elaboração própria.

Com relação às pessoas que consideram importante viver em uma sociedade mais justa e solidária, podemos concluir pelos resultados dessa Pesquisa que a quantidade é representativa: 90% dos brasileiros, com uma tendência maior para as mulheres, os da Classe E, que possuem entre 26 e 49 anos, e são casados, separados ou solteiros.

4.5.6 A confiança

O compartilhamento exige uma aproximação entre as pessoas para que a troca ou o uso do bem seja feito, na grande maioria das vezes, entre pessoas desconhecidas. Considerando essa questão, há uma grande necessidade de as pessoas confiarem nas outras para o avanço da Economia Compartilhada. Para analisar esse tema foi feita a pergunta: "Falando de um modo geral, você diria que a maioria das pessoas é de confiança ou é preciso ter cuidado ao lidar com elas?"

As respostas apresentadas não foram favoráveis ao compartilhamento: somente 10,71% das pessoas consideram que a maioria das pessoas é de confiança, e 89,29% das pessoas responderam que "é preciso ter cuidado ao lidar com elas" (ver gráfico 36).

O resultado apresentado nessa Pesquisa sobre Economia Compartilhada para a questão da confiança (10,71%), na pesquisa internacional da *World Values Survey* (WVS), citada no item **3.2.5 A solidariedade e a confiança**, foi de 7%. Essa proximidade entre os resultados das duas pesquisas demonstra coerência aos questionários respondidos pelo *Facebook* na pesquisa.

Gráfico 36 – Falando de um modo geral, você diria que a maioria das pessoas é de confiança ou é preciso ter cuidado ao lidar com elas?

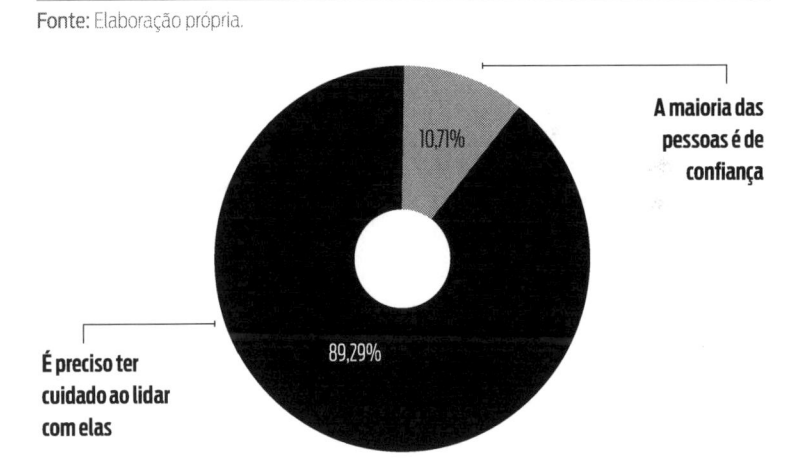

Fonte: Elaboração própria.

- 10,71% — A maioria das pessoas é de confiança
- 89,29% — É preciso ter cuidado ao lidar com elas

Somente 11,34% dos homens e 10,00% das mulheres responderam "a maioria das pessoas é de confiança", resultado que prejudica o compartilhamento nos dois sexos.

Quanto mais escolarizado maior o nível de confiança, ampliando assim a possibilidade do compartilhamento. Responderam que "a maioria das pessoas é de confiança": 19,81% para os que possuem pós-graduação completa; 12,50% para os com ensino superior completo; 7,44% para os com ensino médio completo; e 8,59% para as pessoas com ensino fundamental completo (ver gráfico 37).

Gráfico 37 – Falando de um modo geral, você diria que a maioria das pessoas é de confiança ou é preciso ter cuidado ao lidar com elas? x Nível de escolaridade

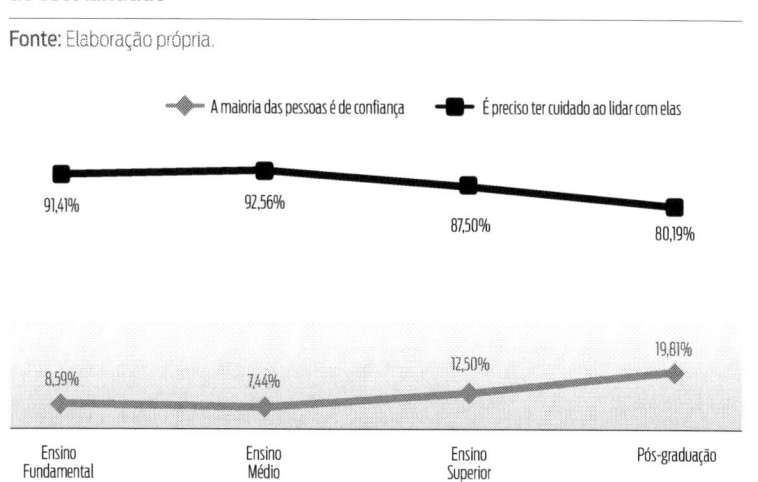

Fonte: Elaboração própria.

Escolaridade	A maioria das pessoas é de confiança	É preciso ter cuidado ao lidar com elas
Ensino Fundamental	8,59%	91,41%
Ensino Médio	7,44%	92,56%
Ensino Superior	12,50%	87,50%
Pós-graduação	19,81%	80,19%

Segundo os dados coletados, quanto maior a renda, maior a propensão em confiar nas pessoas: 16,95% das pessoas das Classes A e B disseram que a maioria das pessoas é de confiança, enquanto que na Classe E apenas 7,64% disseram confiar nas pessoas (ver gráfico 38).

Gráfico 38 – Falando de um modo geral, você diria que a maioria das pessoas é de confiança ou é preciso ter cuidado ao lidar com elas? x Renda familiar mensal

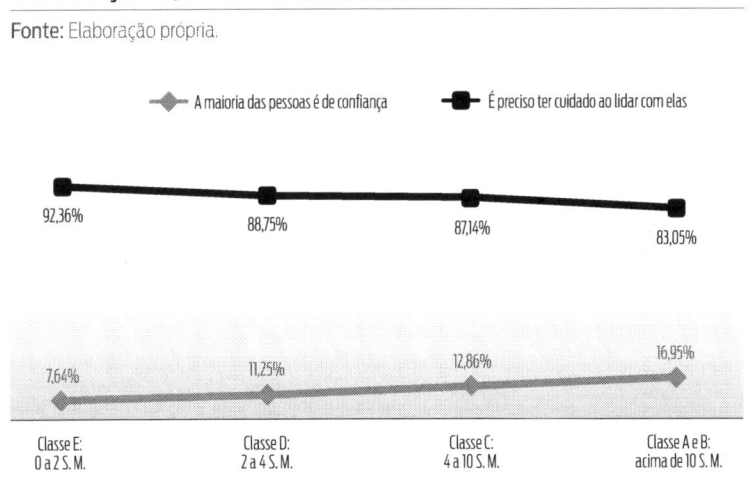

Fonte: Elaboração própria.

	Classe E: 0 a 2 S.M.	Classe D: 2 a 4 S.M.	Classe C: 4 a 10 S.M.	Classe A e B: acima de 10 S.M.
A maioria das pessoas é de confiança	7,64%	11,25%	12,86%	16,95%
É preciso ter cuidado ao lidar com elas	92,36%	88,75%	87,14%	83,05%

Dessa forma podemos concluir, no que diz respeito à confiança, assunto estudado também na parte teórica, que o cenário brasileiro é um dos piores do mundo. As pessoas que mais confiam nas outras são as que têm maior grau de instrução e são das Classes A e B, o que nos faz concluir que o caminho para aumentar a confiança entre os brasileiros, aumentando também a probabilidade de compartilhamento, está na ampliação do nível educacional da população, com uma distribuição de renda mais equilibrada.

4.6 PERFIL DO CONSUMIDOR

Após a apresentação do estudo estatístico de Análise Fatorial e Análise de Regressão, cujos resultados finais encontram-se na **Tabela 3 – Análise de Regressão: Método dos mínimos quadrados ordinários (MQO)**, nas páginas 98-99, chegou-se as seguintes conclusões:

1 – **Sexo:** com alto nível de significância, as pessoas do sexo masculino possuem maior probabilidade de compartilhar automóvel e habitação. Esse cenário pode ser explicado pelo fato de o compartilhamento aproximar pessoas desconhecidas, e, com o alto nível de insegurança social do Brasil, onde certamente as mulheres correm mais risco na aproximação entre pessoas desconhecidas.

2 – **Nível de escolaridade:** as pessoas com ensino médio completo possuem mais probabilidade de compartilhar automóvel e habitação do que as que possuem ensino fundamental completo, e com alto nível de significância. Com relação aos outros níveis de escolaridade, esse estudo estatístico nada se pode afirmar.

3 – **Idade:** com relação à idade das pessoas, há um equilíbrio entre todas as faixas etárias, ou seja, pessoas de todas as idades compartilham automóvel e habitação em proporção semelhante, fato positivo para o desenvolvimento da Economia Compartilhada.

4 – **Estado civil:** pode-se concluir que os viúvos compartilham mais automóvel e habitação do que os solteiros, com baixo nível de significância; e que os solteiros compartilham mais do que os casados, com alto nível de significância. Com relação aos divorciados e separados, nada se pode concluir nesse estudo estatístico.

5 – Renda familiar mensal: com médio nível de significância pode-se dizer que pessoas das Classes A, B e C possuem menor probabilidade de compartilhar automóvel e habitação do que as pessoas da Classe E. Com relação à Classe D, nada se pode concluir nessa Análise Fatorial e Análise de Regressão. Esse resultado, de que os que possuem menos recursos compartilham mais, tem coerência com a teoria da Economia Compartilhada, que se ampliou na crise econômica internacional em 2007-2008, onde, para economizar recursos, as pessoas passaram a compartilhar produtos e serviços.

6 – Região em que mora: o Brasil com dimensão continental, com alta desigualdade social, com população com culturas e hábitos diferentes, porém na questão específica – Economia Compartilhada – há um equilíbrio de pensamento entre os brasileiros que moram em todas as regiões do Brasil. Ponto muito positivo para o compartilhamento de automóvel e habitação, por conta do mercado ficar distribuído de forma equilibrada em todo o país.

7 – Propriedade: quem respondeu que "não faz questão de ser o dono de um determinado produto", desde que "possa utilizá-lo" de forma compartilhada, possui maior probabilidade de compartilhar e com alto nível de significância. Fato que tem lógica de pensamento e serve também para atestar a qualidade dos dados da Pesquisa sobre Economia Compartilhada, realizada pelo *Facebook* com 2.357 pessoas.

8 – Meio ambiente: na questão da preocupação com o meio ambiente no ato do consumo, pode-se dizer, com esse estudo estatístico de Análises Fatorial e de Regressão, que quem "está disposto a mudar o seu estilo de vida para colaborar com o meio ambiente" possui maior probabilidade de compartilhar, dados com alto nível de significância.

9 – **Solidariedade:** com relação à pessoa considerar importante viver em uma "sociedade mais solidária e justa", a Análise Fatorial e a Análise de Regressão concluíram que esse tema não tem relação com a intenção ou não do cidadão compartilhar.

10 – **Confiança:** com relação à pergunta: "Falando de um modo geral, você diria que a maioria das pessoas é de confiança ou é preciso ter cuidado ao lidar com elas?", pode-se dizer que quem respondeu "a maioria das pessoas é de confiança" possui maior probabilidade de compartilhar e com alto nível de significância. Esse fato confirma a posição negativa do Brasil nessa questão, no que diz respeito a Economia Compartilhada, onde essa Pesquisa indicou que apenas 10,71% (ver gráfico 36) das pessoas no Brasil confiam nas outras, e também a pesquisa da *World Values Survey* (WVS) que deu como resultado para os que confiam no outro no Brasil apenas 7%.

Portanto, podemos dizer que a Pesquisa sobre Economia Compartilhada apresentada respondeu ao principal objetivo: <u>Qual o perfil do consumidor com maior probabilidade de participar da Economia Compartilhada no Brasil?</u> que é o seguinte: não faz questão de ser dono de um determinado produto; está disposto a mudar o seu estilo de vida para colaborar com o meio ambiente; a questão de querer viver em uma sociedade mais justa e solidária é indiferente; e que considera a maioria das pessoas de confiança.

E, complementando a informação anterior, definiu-se também o perfil do brasileiro com maior probabilidade de compartilhar automóvel e habitação: homem, com ensino médio completo, com qualquer idade, viúvo ou solteiro, da Classe E, e morador de qualquer região do Brasil.

Dessa forma, esse estudo estatístico de Análise Fatorial e de Análise de Regressão da Pesquisa sobre Economia Compartilhada, somado com as análises binárias apresentadas anteriormente, formam um conjunto de informações que pode ser enriquecida com novos estudos feitos pela Academia brasileira, servindo de estímulo para a atividade empresarial analisar oportunidades de negócios em um mercado de grande dimensão como o que temos no Brasil.

5
CONSIDERAÇÕES FINAIS

Este livro **Economia Compartilhada: um estudo para o Brasil** teve como objetivo principal responder ao seguinte questionamento: Qual o perfil do consumidor com maior probabilidade de participar da Economia Compartilhada no Brasil?

Conforme os resultados apresentados no item 4.6 PERFIL DO CONSUMIDOR sobre às questões de valores: propriedade, meio ambiente, solidariedade e confiança, concluiu-se que o perfil dos brasileiros mais dispostos a participar da Economia Compartilhada é o que segue: não faz questão de ser dono de um determinado produto; está disposto a mudar o seu estilo de vida para colaborar com o meio ambiente; a questão de querer viver em uma sociedade mais justa e solidária é indiferente com relação ao consumo compartilhado; e considera a maioria das pessoas de confiança.

Considerando as informações aqui apresentadas pode-se concluir sobre às questões de valores:

> i) **Propriedade:** verificou-se com a Pesquisa sobre Economia Compartilhada que a questão da propriedade não é impedimento para o avanço da Economia Compartilhada no Brasil: 57% das pessoas entrevistadas responderam que concordam plenamente e parcialmente que não fazem questão de ser dono de um determinado

produto, desde que possa utilizá-lo (ver gráfico 31). Na Análise de Regressão ficou evidente, com alto grau de significância, que as pessoas que não dão importância à propriedade possuem maior probabilidade de compartilhar no ato do consumo (Tabela 3);

ii) **Meio ambiente:** os resultados da Pesquisa também foram positivos para a interação entre compartilhar e o meio ambiente: 59% dos entrevistados respondeu que estão extremamente e muito dispostos a mudar o estilo de vida para colaborar com o meio ambiente; outros 34% disseram que estão "mais ou menos dispostos"; e somente 7% disseram que estão pouco e nada dispostos (ver gráfico 32). E, na Análise de Regressão, também ficou registrado que, com alto grau de significância, as pessoas que mais se preocupam com o meio ambiente tem maior probabilidade de compartilhar no ato do consumo (Tabela 3);

iii) **Solidariedade:** na questão da solidariedade, a Análise de Regressão indicou que as pessoas que compartilham não têm nenhum nível de significância com as respostas sobre solidariedade, ou seja, o tema é indiferente com relação ao compartilhamento (Tabela 3);

iv) **Confiança:** a Pesquisa demonstrou um resultado negativo na questão da confiança para a Economia Compartilhada no Brasil. No **Gráfico 36 – Falando de um modo geral, você diria que a maioria das pessoas é de confiança ou é preciso ter cuidado ao lidar com elas?** somente 11% dos entrevistados disseram que "a maioria das pessoas é de confiança". Os outros 89% disseram que "é preciso ter cuidado ao lidar com elas". Como o compartilhamento implica em uma maior aproximação entre as pessoas, e a Pesquisa indicou um resultado internacionalmente baixo entre o povo brasileiro, assunto tratado no item **3.2.5. A solidariedade e a confiança**, registra-se então que essa questão de confiança certamente é o maior impedimento, identificado nesta Pesquisa, para o crescimento da Economia Compartilhada no Brasil e, desta forma, responde-se assim um dos objetivos específicos: identificar os desafios e as restrições para o crescimento da Economia Compartilhada no Brasil.

Seguindo a resposta ao objetivo principal: Qual o perfil do consumidor com maior probabilidade de participar da Economia Compartilhada no Brasil?; e considerando que na Pesquisa sobre Economia Compartilhada o foco voltou-se às perguntas específicas sobre compartilhamento no automóvel e na habitação, e com base nos resultados da Análise de Regressão (Tabela 3), tem-se o seguinte perfil para os consumidores brasileiros mais dispostos a compartilhar automóvel e habitação: homem, com ensino médio completo, com qualquer idade, viúvo ou solteiro, da Classe E, e morador de qualquer região do Brasil. Resultados que analisa-se individualmente a seguir:

i) **Homem:** a Análise de Regressão indicou que as pessoas do sexo masculino possuem maior probabilidade de compartilhar automóvel e habitação do que as do sexo feminino (Tabela 3). Esse resultado pode ser decorrente da baixa confiança (Gráfico 36) e do grave problema de segurança pública por que passa o Brasil, e que atinge negativamente mais as mulheres;

ii) **Com ensino médio completo:** tem coerência com os estudos teóricos que indicaram que o compartilhamento tem como principal função as pessoas economizarem recursos e quem possui ensino médio completo no Brasil normalmente possui baixa remuneração;

iii) **Com qualquer idade:** informação que parece diferir do senso comum, a Economia Compartilhada não se restringe aos mais novos.

A Pesquisa indicou equilíbrio entre todas as idades para o compartilhamento de automóvel e habitação;

iv) **Viúvo ou solteiro:** essa resposta teve uma coerência com a teoria e ainda uma lógica social: as pessoas viúvas e solteiras podem ter mais interesse em se relacionar com outras pessoas, uma das principais características do compartilhamento e, nessa Pesquisa, foram percentualmente superiores para o compartilhamento de automóvel e habitação;

v) **Da Classe E:** mesma questão citada no item **ii) com ensino médio completo**. As pessoas da Classe E são as que mais precisam economizar recursos e foi com essa intenção que jovens californianos, na crise do *subprime*, impulsionaram o compartilhamento de produtos e serviços;

vi) **Morador de qualquer região do Brasil:** resultado extremamente positivo para a atividade empresarial, a Análise de Regressão indicou que os resultados da Pesquisa são equivalentes entre todas as regiões brasileiras, ou seja, o mercado atinge a totalidade dos brasileiros no nosso imenso território.

Atendeu-se mais um objetivo específico: dimensionar o mercado brasileiro para o compartilhamento de automóvel e habitação com a Pesquisa sobre Economia Compartilhada, cujos dados finais estão apresentados no item 4.5 RESULTADOS DA PESQUISA.

Nas questões sobre o compartilhamento de automóvel, cita-se o **Gráfico 3 – Você prefere, sempre que precisar, usar um automóvel compartilhado a ter um automóvel próprio**, onde 34% dos entrevistados responderam que concordavam plenamente e parcialmente; e, no **Gráfico 7 – Tendo um automóvel com ociosidade de uso, você estaria disposto a compartilhá-lo?** Neste caso

35% responderam "sim". Registra-se assim que o compartilhamento de automóvel atinge aproximadamente 1/3 do mercado brasileiro.

Com relação ao compartilhamento de habitação tem-se os seguintes resultados: no **Gráfico 15 – Sendo proprietário de um imóvel ocioso, você estaria disposto a compartilhá-lo**, 44% dos pesquisados responderam concordo plenamente e parcialmente; no **Gráfico 19 – Você compartilharia um quarto de sua casa/apartamento para um turista?**, 43% disseram que "sim"; e no **Gráfico 26 – Na condição de turista, qual a opção você preferiria?**, conclui-se que 39% dos entrevistados estão dispostos a compartilhar habitação em uma viagem desde que tenha redução de custo, enquanto que somente 5% responderam que compartilhariam até pelo mesmo preço da hospedagem em um hotel. Registra-se assim que o compartilhamento de habitação atinge aproximadamente 40% do mercado brasileiro, desde que tenha redução de custo.

Anteriormente concluiu-se que a baixa confiança entre os brasileiros era uma das respostas para o objetivo específico: identificar os desafios e as restrições para o crescimento da Economia Compartilhada no Brasil. Considerando a informação do Gráfico 26, de que somente 5% das pessoas aceitam compartilhar sem a redução de custo, e que com a redução de custo esse mercado sobe para 39%, pode-se concluir que o outro desafio para o crescimento do compartilhamento no Brasil é a necessidade dos empresários ofertarem os produtos e serviços compartilhados com preço inferior às opções de consumo tradicional.

Considerando a complexidade do sistema capitalista contemporâneo, com todos os desdobramentos que o compartilhamento de produtos e serviços impacta na vida em sociedade, no que diz respeito às relações com o Estado, a fonte de renda e sustento das pessoas, o faturamento e lucro das empresas, as consequências nas leis que regulam a nossa convivência, o impacto no meio ambiente, na qualidade de vida das pessoas, o que muda na vida dos que vivem nos grandes centros urbanos, as opções de lazer que surgem com o compartilhamento, por onde caminhará a tecnologia, qual será o impacto da Economia Compartilhada na propagação do conhecimento e muitas outras questões. Nesse cenário de dúvidas e incertezas que o futuro nos aguarda, e também na provável prosperidade social e econômica, no item 3.6 AMPLIANDO AS POSSIBILIDADES DE ESTUDOS, atende-se a um dos objetivos específicos: sugerir temas de estudos decorrentes do surgimento da Economia Compartilhada, listando-se mais de 50 questionamentos de diversas áreas de conhecimento, para que a Academia: professores e estudantes; o Mercado: empresários, profissionais liberais e trabalhadores; as pessoas que possuem funções públicas, enfim, todas aquelas que possam pensar em pesquisas e negócios, e para agregar os profissionais de diversas áreas de conhecimento para o aprofundamento dos estudos sobre a Economia Compartilhada, nas mais diversas áreas de conhecimento: na sociologia e filosofia; na economia, administração e negócios; no setor financeiro; nas políticas públicas; no estudo do emprego e renda; na área jurídica; no meio ambiente; no setor de saúde; na arquitetura, no urbanismo e na construção civil; no setor de turismo; no setor educacional; e na tecnologia.

Importante registrar que, com o avançar dos estudos percebeu-se claramente a riqueza do tema Economia Compartilhada e, quanto mais respostas se tinha aos questionamentos definidos, maiores eram os problemas, desafios e dúvidas que surgiam, ficando evidente que se faz necessário ampla participação da Academia para a elucidação das questões que brotam na sociedade.

Para atender outro objetivo específico: identificar as tendências mundiais no consumo que favoreçam a Economia Compartilhada, lista-se a seguir os seguintes tópicos, fruto do somatório do conteúdo teórico e prático deste estudo.

i) Mais investimento em tecnologia nos aparelhos portáteis;

ii) Ampliação da rede mundial de internet;

iii) Redução contínua do valor a ser pago pelos produtos e serviços;

iv) Menos importância para as moedas oficiais;

v) Menor peso do setor financeiro na economia;

vi) Menor regulação por parte do Estado;

vii) Nova forma de avaliar o desenvolvimento econômico de uma região;

viii) Menor importância para a propriedade;

ix) Redução ou realocação da produção;

x) Maior preocupação com o meio ambiente;

xi) Maior aproximação entre as pessoas, gerando menos privacidade e mais transparência;

xii) Consumo vinculado à avaliação pessoal;

xiii) Mais pessoas engajadas em movimentos de consumo ético;

xiv) Avanço do pensamento coletivo;

xv) Maior confiança entre as pessoas.

Pode-se concluir também que existe na atividade empresarial um grande mercado consumidor disposto a compartilhar produtos e serviços e, por ser um assunto novo da economia mundial, há amplas possibilidades de estudos a serem feitos pela Academia sobre a Economia Compartilhada.

Na questão teórica, atendeu-se a mais um objetivo específico: <u>compreender os fatores econômicos e sociais que desencadearam o surgimento da Economia Compartilhada no mundo</u>, quando se registrou, no Capítulo 2, que o compartilhamento sempre existiu em nossa sociedade, porém em menor quantidade e localizado geograficamente. No entanto, ele ganhou dimensão global no século XXI, após a crise financeira internacional de 2007-2008, por causa da intenção das pessoas em continuar consumindo os produtos e serviços, porém com redução de custo.

Analisou-se também os fatores econômicos e sociais que ocorreram no século XX e que geraram mudanças no comportamento dos consumidores, fato que levou à Economia Compartilhada, dentre eles: o avanço da tecnologia; as mudanças no ambiente de trabalho; o endividamento da sociedade; e a dependência do consumo.

Registrou-se a ideia revolucionária de compartilhamento de Lorrana Scarpioni, sócia-fundadora do *Bliive*, aplicativo que já está em mais de 55 países (MIT, 2014, p. 02), que segue o conceito de remuneração de trabalho do socialismo, onde todos têm remuneração por hora de trabalho semelhante: o médico e o encanador; o professor e o pintor de parede; todos compartilhando na modalidade "reciprocidade indireta", e se creditando da moeda própria do aplicativo *TimeMoney*. Vencedora de diversos prêmios, nomeada em 2013 *"Global Shaper"* pelo Fórum Econômico Mundial (VILLANOVA, 2015), a brasileira Lorrana pode servir de inspiração para as pessoas que desejam um novo padrão de consumo mundial.

Conclui-se **Economia Compartilhada: um estudo para o Brasil** registrando que vivemos em pleno século XXI em um mundo onde, segundo o Banco Mundial, "mais de 1,9 bilhão de pessoas, ou 26,2% da população mundial" vive abaixo da linha de pobreza, e 10% da população mundial vive na extrema pobreza, com renda abaixo de 1,90 dólar por dia (ONU BRASIL, 2018, p.3) e, neste cenário mundial desumano, questiona-se: A Economia Compartilhada poderia ser o modelo econômico e social para, no capitalismo, humanizando-o, ampliarmos a produção de bens e serviços essenciais e, na modalidade sem o dinheiro, compartilhá-los, proporcionando para todos uma vida digna?

REFERÊNCIAS

ABRAMOVAY, R. **A economia híbrida do século XXI. De baixo pra cima.** Rio de Janeiro: Aeroplano, 2014.

ALGAR, Ray. **Collaborative consumption**. Leisure Report,16-17. 2007.

ALMEIDA, Paulo Roberto de. **A economia internacional no século XX: um ensaio de síntese**. Revista Brasileira de Política Internacional. (ISSN 0034-7329) on-line version ISSN 1983-3121. 2001.

BARDHI, Fleura; ECKHARDT, Giana M. **Access-Based Consumption: The Case of Car Sharing**. Journal of Consumer Research. Vol. 39, Dezembro 2012.

BAUMAN, Zygmunt. **A riqueza de poucos beneficia todos nós?** Tradução Renato Aguiar.1.ed. Rio de Janeiro: Zahar, 2007.

BAUMAN, Zygmunt. **Vida para consumo: a transformação das pessoas em mercadoria**. Tradução Carlos Alberto Medeiros. Rio de Janeiro: Zahar, 2008.

BAUMAN, Zygmunt. **Vida a crédito: conversas com Citlali Rovirosa-Madrazo.** Tradução Alexandre Werneck. Rio de Janeiro: Zahar, 2010.

BAUMAN, Zygmunt. **44 cartas do mundo líquido moderno**. Tradução Vera Pereira. – Rio de Janeiro: Zahar, 2011.

BELK, R. **Why not share rather than own?** Annals of the American Academy of Political and Social Science 611(1): 126-140. 2007.

BELK, R. **Sharing**. Journal of Consumer Research, v.36, n.5, p.715 - 734, fev . 2010.

BORGES, Marcelo Augusto de Lacerda. **As Contradições do Cooperativismo na Educação: Um Estudo de Caso na Cooperativa de Ensino de Rio Verde – GO (Coopen) entre os Anos 2011 e 2015**. Programa de Pós-Graduação em Educação – (Doutorado), da Universidade Federal de Uberlândia. 2017.

BOTSMAN, R.; ROGERS, R. **O que é meu é seu: como o consumo colaborativo vai mudar o mundo.** Porto Alegre. Bookman, 2011. 262 p.

BOX 1824. **Projeto Sonho Brasileiro**. 2013.

CASTELLS, Manuel. **A sociedade em rede.** São Paulo: Paz e Terra, 1999.

COELHO, Arnaldo Fernandes Matos, et al. **Consumo ético e seus impactos: determinantes do comportamento do consumidor brasileiro.** Revista Gestão em Análise. 2015, p 22-36.

CORRÊA, Murilo. **Wikipédia: Principais Conceitos e Tecnologias Associadas.**

COSTA, Stefania. **Novo ImazonGeo: maior acesso à informação para a fiscalização do desmatamento.** 2018. Disponível em: <https://imazon.org.br/imprensa/novo-imazongeo-maior-acesso-a-informacao-para-a-fiscalizacao-do-desmatamento/>. Acesso em: 20 dez. 2019.

ÉPOCA NEGÓCIOS. **Richard Branson: renda mínima é solução contra fim dos empregos.** Época Negócios. 2018.

EXAME. **Conheça a BLIIVE, rede social de troca de conhecimento.** Carreira – Você S/A. 2015.

FÁVERO, L. P; et al. **Análise de dados: modelagem multivariada para tomada de decisões.** Rio de Janeiro: Elsevier, 2009.

FREITAG, Bárbara. **Teoria da cidade**. Campinas, SP: Papirus, 2006.

FREITAS, Cássio Stedetn de; PETRINI, Maira de Cássia; SILVEIRA, Lisilene Mello da. **Desvendando o consumo colaborativo: uma proposta de tipologia**. CLAV 2016, 9th Latin American Retail Conference. Fundação Getúlio Vargas. 2016.

FRIEDEN, Jeffry. **Capitalismo global: História econômica e política do século XX**. Tradução Vivian Mannheimer, revisão técnica Arthur Ituassu. – Rio de Janeiro: Jorge Zahar Ed., 2008.

FURTADO, Eva Jussara Carvalho. **Consumo colaborativo no mundo digital: Um estudo sobre design e percepção em sites de colaboração**. Universidade de São Paulo, Escola de Comunicação e Artes. São Paulo, 2016.

GANSKY, Lisa. *The mesh: Why the future of business is sharing*. New York: Portfolio Penguin, 2010.

GIANNETTI, Eduardo. **Trópicos utópicos: uma perspectiva brasileira da crise civilizatória.** 1ª ed. São Paulo: Companhia das Letras, 2016.

GUTTMANN, Robert; PLIHON, Dominique. **O endividamento do consumidor no cerne do capitalismo conduzido pelas finanças.** Economia e Sociedade, Campinas, V.17, Número especial, p.575-610, dez.2008.

HAIR, J. F. *et al.* **Análise multivariada de dados**. Porto Alegre: Bookman, 2005.

HAMARI, Juho; SJOKLINT, Mimmi; UKKONEN, Antti. **The Sharing Economy: Why People Participate in Collaborative Consumption**. Journal of the Association for Information Science and Technology, 67(9):2047-2059, 2016.

HOBSBAWN, Eric J. **Era dos extremos: o breve século XX**. São Paulo: Companhia das Letras, 1995.

HOLANDA, Sérgio Buarque de. **Raízes do Brasil**. Editora José Olympio. 1936.

HOLANDA, Sérgio Buarque de. **História geral da civilização brasileira,** I. A época colonial: do descobrimento à expansão territorial. – 8ª ed. – São Paulo: Bertrand Brasil. 1994.

IBGE. **Instituto Brasileiro de Geografia e Estatística**. 2019. Disponível em: < https://ibge.gov.br/>. Acesso em: 20 dez. 2019.

KIYONARI, Toko; YAMAGISHI, Toshio; COOK, Karen S; CHESHIRE, Coye. **Does Trust Beget Trustworthiness? Trust and Trustworthiness in Two Games and Two Cultures: a research note.** Social Psychology Quarterly, 2006, Vol. 69, Nº 3, 270-283.

KOSINSKI, M.; MATZ, S.; GOSLING, S.; POPOV, V.; STILLWELL, D. **Facebook as a research tool for the social sciences: opportunities, challenges, ethical considerations, and practical guidelines.** American Psychologist, 70 (6), 543-556. 2015.

LIPOVETSKY, Gilles. **A Felicidade Paradoxal: ensaio sobre a sociedade de hiperconsumo**. Tradução Maria Lucia Machado. – São Paulo: Companhia das Letras, 2007.

LIVRES LIVROS. **Mobilização Social em torno da leitura.** 2019. Disponível em:< https://www.livreslivros.com/>. Acesso em: 20 dez. 2019.

LOPES, Thiago Henrique Carneiro Rios. **Democracia, Confiança e Crescimento Econômico.** Tese de Doutorado. Pós-graduação em Economia. Centro de Desenvolvimento e Planejamento Regional e Urbano. Faculdade de Ciências Econômicas. Universidade Federal de Minas Gerais. 2015.

MARTIN, Felix. **Dinheiro: Uma biografia não autorizada: Da cunhagem à criptomoeda.** Tradução André Fontenelle. – 1ª ed. – São Paulo: Portfolio-Pequi, 2016.

MATTOSO, Jorge Eduardo L. **Trabalho sob Fogo Cruzado**. São Paulo em Perspectiva, 8(1):13-21, janeiro/março 1994.

MAURER, Angela Maria; FIGUEIRÓ, Paola Schmitt; PACHECO DE CAMPOS, Simone Alves; SILVA, Virgínia Sebastião da; BARCELLOS, Marcia Dutra de. **Yes, we also can! O** desenvolvimento de iniciativas de consumo colaborativo no Brasil. BASE – Revista de Administração e Contabilidade da Unisinos. 12(1):68-80, janeiro/março 2015.

MENDES, Francisco Schertel Mendes; CEROY, Frederico Meinberg. **Economia Compartilhada e a política nacional de mobilidade urbana: Uma proposta de marco legal.** Núcleo de Estudos e Pesquisas da Consultoria Legislativa, Textos para Discussão 185. Novembro, 2015.

MÉSZÁROS, István. **Para além do capital: rumo a uma teoria de transição**. Tradução Paulo Cezar Castanheira, Sérgio Lessa. – 1ª ed. Revista. – São Paulo: Boitempo, 2011.

MIT. Technology Review. **Inovadores com menos de 35 anos. Brasil.** 2014.

MOORE, J. E. *A history of toy lending libraries in the United States since 1935*. Ohio: Kent University, 1995. Originalmente apresenta como dissertação de mestrado, Kent University, 1995.

MORRIS, William. **Notícias de lugar nenhum: ou uma época de tranquilidade**; tradução Paulo Cezar Castanheira. – São Paulo: Editora Fundação Perseu Abramo, 2002. (Coleção Clássicos do Pensamento Radical).

MORUS, Thomas. **A Utopia**. Tradução de Paulo Neves – Porto Alegre: L&PM, 2017.

ONU BRASIL. **Centros de registro e identificação atendem mais de 20 mil venezuelanos em Roraima**. 2018. Disponível em: <https://nacoesunidas.org/centros-de-registro-e-identificacao-atendem-mais-de-20-mil-venezuelanos-em-roraima/>. Acesso em: 20 dez. 2019.

ONU BRASIL. **Banco Mundial: quase metade da população global vive abaixo da linha da pobreza.** 2018. Disponível em: <https://nacoesunidas.org/banco-mundial-quase-metade-da-populacao-global-vive-abaixo-da-linha-da-pobreza/>. Acesso em: 20 dez. 2019.

OZANNE, Lucie K.; BALLANTINE, Paul W. *Sharing as a form of anti-consumption? An examination of toy library users*. Journal of Consumer Behaviour. 9: 485-498 (2010).

RELATÓRIO ANUAL DO FMI – Síntese. **Construir um futuro compartilhado**. 2018. Disponível em: < https://www.google.com/url?sa=t&rct=j&q=&esrc=s&source=web&cd=3&ved=2ahUKEwisx6ziluXlAhXJHbkGHbUaBa4QFjACegQIARAC&url=https%3A%2F%2Fwww.imf.org%2Fexternal%2Fpubs%2Fft%2Far%2F2018%2Feng%2Fassets%2Fpdf%2Fimf-annual-report-2018-pt.pdf&usg=AOvVaw2LLyGy-xVfY79J1ydjxoqN>. Acesso em: 11 nov. 2019.

RIBEIRO, Darcy. **Culturas e línguas indígenas do Brasil.** 1957.

RIBEIRO, Darcy. **O povo brasileiro: a formação e o sentido do Brasil.** São Paulo: Companhia das Letras, 2006.

RIFE, Sean C.; CATE, Kelly L.; KOSINSKI, Michal; STILLWELL, David. ***Participant recruitment and data collection through Facebook: the role of personality factors.*** International Journal of Social Research Methodology, 19:1, 69-83, 2016.

RIFKIN, Jeremy. **A era do acesso: a revolução da nova economia.** Lisboa: Editorial Presença, 2001. ISBN 972-23-2741-0.

RIFKIN, Jeremy. **Sociedade com Custo Marginal Zero.** Tradução: Mônica Rosemberg. São Paulo: M.Books, 2015.

RONCOLATO, Murilo. **O debate sobre o futuro do experimento de renda básica na Finlândia.** Dmt em debate. Democracia e mundo do trabalho. 2018.

SAMUELS, David J.; ZUCCO, Cesar. ***Using Facebook as a Subject Recruitment Tool for Survey-Experimental Research.*** 2013.

SCHOR, Juliet. ***Debating the sharing economy.*** Great Transition Iniciative, 2014.

SCHOR, J. **Debatendo a Economia do Compartilhamento.** In: ZANATTA. R. A. F.; DE PAULA. P. C. B.; KIRA. B. Economias do compartilhamento e o direito. Curitiba: Juruá, p. 21-40, 2017.

SILVA, Michele Lins Aracaty e.; LOPES, Rute Holanda; ALMEIDA, Matheus Teixeira de; FRANCO, Francilene da Silva. Do Eu para o Nós: A Economia Compartilhada/Colaborativa e o Futuro da Propriedade Individual. In: **Anais da Mostra de Pesquisa em Ciência e Tecnologia.** Fortaleza. 2019.

SILVEIRA, Lisilene Mello da; PETRINI, Maira; SANTOS, Ana Clarissa Matte Zanardo dos. **Economia Compartilhada e consumo colaborativo: o que estamos pesquisando?.** REGE – Revista de Gestão 23 (2016) 298-305.

TECMUNDO. **Brasil é o terceiro país com mais usuários no *Facebook*.** 2019. Disponível em: <https://www.tecmundo.com.br/redes-sociais/139130-brasil-terceiro-pais-usuarios-facebook.htm>. Acesso em: 16 mar. 2019.

VILLANOVA, Ana Luísa Ilha. **Modelos de negócio na economia compartilhada: uma investigação multi-caso.** Dissertação (mestrado). Escola Brasileira de Administração Pública e de Empresas, Centro de Formação Acadêmica e Pesquisa. Rio de Janeiro. 125 f. 2015.

Made in the USA
Columbia, SC
30 September 2021